Gerhard Ebeling

Predigten eines »Illegalen«

aus den Jahren 1939–1945

J.C.B. Mohr (Paul Siebeck) Tübingen

Die Deutsche Bibliothek – CIP-Einheitsaufnahme

Ebeling, Gerhard:
Predigten eines »Illegalen« aus den Jahren 1939–1945 /
Gerhard Ebeling. – Tübingen : Mohr, 1995
    ISBN 3-16-146371-4
NE: Ebeling, Gerhard: [Sammlung]

© 1995 J.C.B. Mohr (Paul Siebeck) Tübingen.

Das Buch wurde von Computersatz Staiger in Pfäffingen aus der Garamond-Antiqua gesetzt, von Gulde-Druck in Tübingen auf alterungsbeständiges Werkdruckpapier der Papierfabrik Niefern gedruckt und von der Großbuchbinderei Heinr. Koch in Tübingen gebunden. Den Umschlag entwarf Alfred Krugmann.

Vorwort

Es wäre mir nie in den Sinn gekommen, Predigten in Druck zu geben, die ich vor rund einem halben Jahrhundert gehalten habe. Ein Sonderfall war die Veröffentlichung eines Zeitdokuments aus dem Zweiten Weltkrieg: der Ansprache, die ich 1940 zur Urnenbeisetzung eines Opfers der »Vernichtung lebensunwerten Lebens« zu halten hatte. Sie erschien 1985 anläßlich des 60. Geburtstages meines Zürcher Kollegen Walter Bernet. Dieser Text gab jedoch unerwartet den Anstoß zu der vorliegenden Publikation. Bei einem Symposion, das Pierre Bühler in Neuchâtel im Herbst 1993 über meine theologische Arbeit veranstaltete, hatte er auch jene Ansprache zur Diskussion gestellt und regte danach bei dem Genfer Verlag Labor et Fides an, sie zusammen mit einigen meiner Predigten aus jener Zeit in französischer Übersetzung herauszugeben, was seitens des Literarischen Leiters des Verlages lebhaft begrüßt wurde. Dies setzte selbstverständlich eine deutsche Originalausgabe voraus, sofern ich mich überhaupt damit einverstanden erklären könnte. Die Sichtung des in Betracht kommenden Materials, eine gründliche Beschäftigung mit den dadurch aufgeworfenen Problemen und klärende Gespräche mit Freunden bestärkten mich schließlich nach längerem Zögern in der Bereitschaft dazu, nicht zuletzt auch in Anbetracht der allgemein spärlichen Überlieferung von Predigten aus jener Zeit.

Meine einstigen Predigtnotizen sind zwar annähernd

vollzählig erhalten, in der Ausführung jedoch überwiegend fragmentarisch. Das entsprach nicht meiner Art, mich vorzubereiten, war vielmehr durch die Umstände erzwungen. Sieht man von meiner Vikariatszeit in der Mark Brandenburg (Crossen a.O. und Fehrbellin) ab sowie von der durch Dietrich Bonhoeffer betriebenen, knapp befristeten Beurlaubung aus dem kirchlichen Dienst für die Arbeit an meiner Zürcher Dissertation, so konnte erst Ende 1938 meine kontinuierliche Predigttätigkeit einsetzen. Zusätzlich zu meiner damaligen Hauptbeschäftigung als Referent im Brandenburger Bruderrat wurde mir auf meinen dringenden Wunsch hin, zunächst nebenamtlich, die Betreuung der Bekennenden Gemeinden in Berlin-Hermsdorf und Berlin-Frohnau übertragen. Der Gemeindepfarrer in Frohnau gehörte zu den sogenannten »Neutralen«. Deshalb versammelte sich dort die Bekennende Gemeinde nur vereinsmäßig zu eigenen Bibelstunden in einem Altersheim und hielt sich zu den Gottesdiensten der Nachbargemeinde in Hermsdorf. Hier war es zu einer regelrechten Kirchenspaltung gekommen: Die offizielle Kirchengemeinde stand unter der Leitung eines Pfarrers extremer Richtung, der »Thüringer Deutschen Christen«, während die Bekennende Gemeinde völlig separiert davon existierte, mit ihren Gottesdiensten in einer Baracke der Evangelischen Gemeinschaft und später – nach deren Beschlagnahme zum Unterstellen des Eigentums von Bombengeschädigten – in der geräumigen Eingangshalle eines Privathauses Unterschlupf fand und auch die anfallenden Amtshandlungen selbständig vornahm unter Eintragung in das Kirchenbuch von Reinickendorf. So zählte ich in doppelter Hinsicht zu den »Illegalen«. Meine Examina hatte ich 1935 und 1938 nicht beim Konsistorium, sondern beim Theologischen Prüfungsamt des Bruderrates der Bekenntnissynode Berlin-Brandenburg abgelegt und im

Herbst 1938, gemäß dem Beschluß des Bruderrats der Kirchenprovinz Berlin-Brandenburg, die Ordination in Berlin-Dahlem durch Präses Scharf empfangen. Und nun trat ich in den Dienst einer weder vom Staat noch von der offiziellen Kirche rechtlich anerkannten, nur auf ein kirchliches Notrecht sich berufenden Kirchengemeinde. Hier wurde ich Nachfolger eines nach England emigrierenden Amtsbruders jüdischer Abstammung.

Die nach Kriegsbeginn zunehmend erschwerte Reisetätigkeit, wie sie zu meinem Amt im Brandenburger Bruderrat gehörte, sodann die Einberufung als Sanitätssoldat Anfang Dezember 1940, die unerwartet nach einiger Zeit trotzdem eine reduzierte Tätigkeit in meiner Gemeinde gestattete, verlagerte meinen weiteren kirchlichen Dienst ausschließlich dorthin, bis mein Truppenteil am Abend des 20. April 1945 das brennende Berlin verließ. Der Militärdienst sowie der häufige nächtliche Aufenthalt im Luftschutzkeller gewährten mir nur begrenzt Zeit zur Predigtvorbereitung. Von den etwa 160 Predigten (nicht eingerechnet Kasualien, Bibelstunden und Vorträge), die ich in Hermsdorf gehalten habe, sind etwa 30 vollständig ausgearbeitet. Von ihnen lege ich hier (einschließlich einer gegen Ende fragmentarisch aufgezeichneten und nur syntaktisch vervollständigten Predigt) 16 vor, denen noch eine am Kriegsende vor meinen Kameraden in Nordschleswig gehaltene Predigt beigefügt ist. Die Auswahl trägt verschiedenen Gesichtspunkten Rechnung, vor allem dem Wunsch, auch die späteren Kriegsjahre – obschon leider spärlich – vertreten sein zu lassen.

Den einzelnen Predigten sind in den Anmerkungen jeweils die Nachweise von Bibelzitaten (nicht jedoch von allen biblischen Anklängen) und Gesangbuchversen beigefügt. Als Bibeltext wurde die aus dem Jahr 1912 stammende Revision der Übersetzung Martin Luthers benutzt. Die

Lieder sind – von zwei Ausnahmen abgesehen – nach der neuesten Ausgabe des Evangelischen Gesangbuches (EG) von 1993 angegeben. Zum Datum der Predigt wird in einer Vorbemerkung (mit einer Ausnahme) die jeweilige politisch-militärische Situation knapp gekennzeichnet. Ich halte mich dabei, z.T. wörtlich, an die Zeittafel des Buches »Die Hassell-Tagebücher 1938–1944« (Siedler Verlag, o.J. [1988], 628–634) sowie an Gebhardts Handbuch der deutschen Geschichte Bd. 21: K. D. Erdmann, Der Zweite Weltkrieg (1976), dtv 1987⁵. Darüber hinaus sind noch je nach Bedarf einige Erläuterungen hinzugefügt. Beim Predigttext wird jeweils angegeben, ob es sich um eine Perikope handelt oder um einen freigewählten Bibeltext. Die thematischen Überschriften sind den Predigten erst für den Druck vorangestellt, jeweils aber wörtlich dem Predigttext oder dem Wortlaut der Predigt entnommen.

Die Grundsatzfrage nach Sinn und Recht einer solchen Veröffentlichung sei einem Nachwort überlassen. Der Leser möge sich zunächst unbeeinflußt davon der Lektüre der Predigten aussetzen.

Denen, die bei der Veröffentlichung dieses Büchleins mir mit Rat und Hilfe beigestanden haben, sei von Herzen gedankt.

Zürich, im Advent 1994   Gerhard Ebeling

Inhalt

»Man singt mit Freuden vom Sieg ...«

Predigt in Berlin-Hermsdorf
am 9. April 1939 (Ostersonntag)

Mitte März 1939 besetzte die Wehrmacht die Tschechoslowakei nach der durch Hitler erzwungenen Unabhängigkeitserklärung der Slowakei. Errichtung des Protektorats Böhmen und Mähren. 23. März: Wiedereingliederung des abgetrennten Memelgebiets in das Deutsche Reich.

Der Herr ist meine Macht und mein Psalm und ist mein Heil.

Man singt mit Freuden vom Sieg in den Hütten der Gerechten: »Die Rechte des Herrn behält den Sieg;

die Rechte des Herrn ist erhöht: die Rechte des Herrn behält den Sieg!«

Ich werde nicht sterben, sondern leben und des Herrn Werke verkündigen.

Der Herr züchtigt mich wohl; aber er gibt mich dem Tode nicht.

Tut mir auf die Tore der Gerechtigkeit, daß ich dahin eingehe und dem Herrn danke.

Das ist das Tor des Herrn; die Gerechten werden dahin eingehen.

Ich danke dir, daß du mich demütigst und hilfst mir.

Der Stein, den die Bauleute verworfen haben, ist zum Eckstein geworden.

*Das ist vom Herrn geschehen und ist ein Wunder vor
unsern Augen.*

*Dies ist der Tag, den der Herr macht; lasset uns freuen
und fröhlich darinnen sein.*

Psalm 118,14–24[1]

Haben wir Anlaß, mit Freuden vom Sieg zu singen? Ich
wüßte nicht, welcher Siege wir uns heute rühmen dürften.

Man sagt uns: Nun siegt der Frühling über den Winter,
das Leben über den Tod. Freut euch dieses Lebens! Ein ei-
gentümlicher Sieg, dessen Ende schon im voraus wieder
auf Tag und Stunde besiegelt ist.

Man weist uns ferner an die »Auferstehung« unseres
Volkes und an sein Schreiten von Sieg zu Sieg. Aber was ist
ein siegreiches Volk vor Gott? Fleisch, und nicht Geist.
Und »alles Fleisch ist Gras, und alle seine Güte ist wie eine
Blume auf dem Felde. Das Gras verdorrt, die Blume ver-
welkt; denn des Herrn Geist bläst darein. Ja, das Volk ist
das Gras. Das Gras verdorrt, die Blume verwelkt; aber das
Wort unsres Gottes bleibt ewiglich.«[2]

In den Hütten der Gerechten singt man mit Freuden
nicht von zeitlichen, vergänglichen Siegen, sondern allein
von ewigen Siegen; nicht von fleischlichen, sondern allein
von geistlichen Siegen; nicht von Siegen in dem Bereich
dieser Welt, sondern allein von Siegen des Reiches Gottes.

Was haben wir von diesen Reich-Gottes-Siegen zu ver-
melden? Haben wir der Sünde siegreiche Schlachten gelie-
fert? Haben wir den Satan unter unsere Füße getreten?
Oder ist es nicht so, daß unser Jubel über manchen gelei-
steten Widerstand erstickt in der Klage über neue Niederlagen? Wer von uns, der vorgestern am Tisch des Herrn
war, kommt heute so rein wieder, wie er von der Beichte

---

1 Alttestamentliche Lektion am Ostersonntag.

2 Jes 40,6–8.

und vom Abendmahl fortging, »besprengt im Herzen und
los von dem bösen Gewissen und gewaschen am Leibe mit
reinem Wasser«[3]? Wer hat ohne Wanken auch nur in diesen
zwei Tagen festgehalten am Bekenntnis der Hoffnung?
Wessen Geist wurde nicht wieder träge gemacht vom
Fleisch? Wessen Herz wurde nicht wieder traurig, weil es
nicht ausschließlich auf Christus blickte? Wir können uns
wohl alle nicht rühmen, daß wir Sieger wären.

Aber auch der Anlaß, der den Psalmisten ursprünglich
bewegte, mit Freuden vom Sieg zu singen, liegt bei uns
nicht vor. Der Psalm ist nichts anderes als eine Festliturgie
der jüdischen Gemeinde anläßlich der Wiedereinweihung
des Tempels in Jerusalem unter Esra und Nehemia. Die babylonische Gefangenschaft gehört der Vergangenheit an.
Das Volk ist heimgekehrt, gewiß unter viel Not und Küm-
merlichkeit. Aber das Wunder ist geschehen. Gott hat
Kraft gegeben, den Feinden Widerstand zu leisten. Die
Stadt Gottes hatte nun wieder eine feste Mauer, die sie
schützte vor dem Einbruch der Welt. Sie hatte jetzt endlich
wieder auch einen Tempel. Die Kirche des alten Bundes ist
aus aller Verstörung heraus zu einer neuen Ordnung gekommen. Sie ist wieder einmal siegreich aus dem Kampf
hervorgegangen. Darum singt man mit Freuden vom Sieg
in den Hütten der Gerechten.

Blicken wir auf unsere Kirche, so ist es uns nicht nach
Siegesliedern zumute. Von dem Weinberg Gottes hier in
unserm Land gilt buchstäblich, was der 80. Psalm sagt:
»Ihn haben zerwühlt die wilden Säue, und die wilden Tiere
haben ihn verderbt.«[4] Menschen herrschen über unsere
Kirche, die keine Ahnung haben von dem, was eigentlich
Kirche ist. Sie entmündigen die Gemeinden, sie binden die

---

3 Hebr 10,22.
4 Ps 80,14.

Träger des Amtes an sich und nicht an Christus. An die
Stelle des Glaubensgehorsams setzen sie die Forderung der
Disziplin. Und während so der Leib Christi zerstört wird,
wird von Monat zu Monat mehr offenbar der Widersacher,
»der sich überhebt über alles, was Gott oder Gottesdienst
heißt, so daß er sich setzt in den Tempel Gottes als ein Gott
und gibt sich aus, er sei Gott«[5]. Und gelähmt schauen wir,
die dem Bekenntnis der Wahrheit treu bleiben, diesem Geschehen zu. Statt Hoffnung beseelt uns Resignation. Ja, wir
folgen Christus nach, aber so, wie die Jünger vor Ostern:
»Laßt uns mit ihm gehen, auf daß wir mit ihm sterben.«[6]

Mitten in unsere Hoffnungslosigkeit hinein trifft uns,
die wir von keinen Siegen wissen, nun aber vom Worte
Gottes her eine unerhörte Siegesbotschaft. Nicht in Gestalt einer umstürzenden kirchenpolitischen Neuigkeit.
Keine Ankündigung einer Wendung in unserm persönlichen Leben. Sondern eine Botschaft, die schon fast zwei-
tausend Jahre alt ist, die wir kennen und doch nicht für
wahr halten. Die ruft uns Gottes Wort von neuem zu: Hört
es doch! Laßt es euch doch endlich sagen! Ihr habt allerdings Anlaß, mit Freuden vom Sieg zu singen: »Die Rechte
des Herrn behält den Sieg; die Rechte des Herrn ist erhöht;
die Rechte des Herrn behält den Sieg!« Ihr seid keine Sieger. Und die Kirche ist jetzt keine siegende und triumphie-
rende Kirche. Wer fragt danach? Weggesehen von uns!
Hingesehen auf Gott! Seine Rechte ist erhöht und behält
den Sieg! Hingesehen auf Christus: »Jesus ist Sieger!«[7]

Und obwohl wir es alle wissen, fragen wir dennoch: Was
heißt das: »Jesus ist Sieger«? Es heißt nicht: Jesus hing am
Kreuz, aber nun wissen wir, daß er lebt. Darum vergeßt

---

5 2.Thess 2,4.
6 Joh 11,16.
7 Losungswort Joh. Christoph Blumhardts.

sein Leiden, vergeßt das Kreuz, haltet euch nicht an das
Bild des gemarterten und gekreuzigten Christus, sondern
an die Gestalt des sieghaften Heliand, des Reiters auf dem
weißen Pferd, wie ihn die Offenbarung Johannes schildert.
Nein, die Antwort auf die Frage: Was heißt das: »Jesus ist
Sieger«?, kann gar nichts anderes sein, als wir schon am
Karfreitag hörten. Christus ist zu uns getreten und hat getragen unsere Krankheit, unsere Sünde. Auf ihm liegen
Fluch, Strafe und Anfechtung, die uns treffen sollten. Er
hat sie getragen bis in den Abgrund der Gottverlassenheit
hinein. Aber eben da hat Christus den Sieg errungen:
»… Mitten in der Höllen Nacht hast du ihn am Kreuz voll-
bracht.«[8] »Es war ein wunderlich Krieg, da Tod und Leben
rungen; das Leben behielt den Sieg, es hat den Tod ver-
schlungen. Die Schrift hat verkündet das, wie ein Tod den
andern fraß, ein Spott der Tod ist worden.«[9] Der Auferstandene zeigt sich nicht anders als so, daß er die Nägel-
male an Händen und Füßen zeigt. Der Auferstandene ist
und bleibt der Gekreuzigte. Aber des zum Zeichen, daß
dieser Gekreuzigte am Kreuz mitten in dem Schrei: »Mein
Gott, mein Gott, warum hast du mich verlassen?«[10] der
Sieger war, hat ihn Gott auferweckt. Nicht in ein besseres

---

8 Aus Vers 3 des Liedes von Otto Riethmüller (1889–1938) »Herr,
  wir stehen Hand in Hand …«: »Welten stehn um dich im Krieg,
  gib uns teil an deinem Sieg. Mitten …« (Forts. wie oben). Das
  EKG von 1953 enthält das Lied in einigen landeskirchlichen
  Anhängen, wie z.B. Hannover (Nr. 426), Rheinland/Westfalen/
  Lippe (Nr. 480), Württemberg (Nr. 473). Der ursprüngliche
  Druck, durch den es in der Bekennenden Kirche weite Verbrei-
  tung fand, liegt vor in dem kleinen Heft »Wehr und Waffen«
  (Burckhardthaus-Verlag, Berlin-Dahlem 1935), hg. von O. Riethmüller. Dort steht das Lied als Nr. 25 mit dem Jahresvermerk
  1932.
9 EG 101,4.
10 Ps 22,2 Mt 27,46.

Jenseits. Sondern er hat ihn leiblich auferweckt, auf daß er
hier auf Erden weiter seinen Leib habe, lebe und wirke; auf
daß er hier auf Erden Sieger sei; auf daß das Kreuz sein
Triumphzeichen werde.

Die Botschaft »Jesus ist Sieger« verträgt sich darum
nicht mit den Siegesbotschaften der Welt. Es ist nicht so,
daß dem Menschen die Erde und Gott der Himmel gehören. Vielmehr ist Gott der Herr droben im Himmel und
unten auf der Erden und keiner mehr. Christus ist Sieger,
nicht nur im Himmel, sondern gerade auch auf Erden. Jesus ist Sieger! Das heißt also: Die Welt ist nicht Sieger. Es
muß zwar jeder mit eigenen Augen feststellen: Die Welt
ist Sieger! Die Gewaltigen in ihr erheben drohend ihren
Arm. Sie lassen ihre Macht jeden spüren, der es nicht
glauben will. Aber dessenungeachtet glauben wir das um
Christi willen nicht. Ihr seid nicht Sieger, die ihr die Waf-
fengewalt habt. Ihr seid nicht Sieger, die ihr mit allen Mitteln auch über die Seelen zu herrschen sucht. Ihr seid
nicht Sieger, die ihr die Macht habt, aus Unrecht Recht zu
machen. Jesus ist Sieger! Das heißt aber auch: Die Sünde
ist nicht Sieger. Da muß jeder mit sich selber disputieren:
Mein Fleisch, du bist nicht Sieger. Ihr seid nicht Sieger, ihr
unreinen, eigensüchtigen und lieblosen Gedanken. Du
mein alter Mensch, du wirst nicht Sieger sein. Jesus ist Sieger, und nicht der Teufel und nicht der Tod. Christus tritt
zwischen mich und den Teufel. Christus reißt mich hindurch durch den Tod. Wie er leiblich auferstanden ist, so
werde auch ich leiblich auferstehen. Darum können mich
weder der Teufel noch der Tod hindern, mit Freuden vom
Sieg zu singen: »Die Rechte des Herrn behält den Sieg; die
Rechte des Herrn ist erhöht; die Rechte des Herrn behält
den Sieg.« Jesus ist Sieger!

Wenn also wir auch nicht Sieger sind, sondern die Welt
mit ihrer Gewalt, die Sünde und der Tod uns so nahe sind,

daß wir unterliegen, so lassen wir uns dennoch den Glauben nicht nehmen, daß Er Sieger ist. Und indem wir mitten im Unterliegen rufen: Jesus ist Sieger, haben wir teil an seinem Sieg. Jesus hat nicht für sich gesiegt, sondern für uns. Er gibt uns teil an seiner Siegesbeute. Darum sagt uns der Psalm klar, was Jesu Sieg für uns bedeutet: »Ich werde nicht sterben, sondern leben und des Herrn Werke verkündigen. Der Herr züchtigt mich wohl, aber er gibt mich dem Tode nicht.«

Eine Gemeinde, die von Karfreitag und Ostern herkommt, kann nicht mehr sagen: Ich werde sterben; mit uns ist es aus; wir sind am Ende; die Verhältnisse sind zu übermächtig; wir können nicht dagegen an. Wohl uns, wenn wir als das kleine Häuflein Bekennende Gemeinde in Hermsdorf um des gekreuzigten und auferstandenen Christus willen allem Augenschein zum Trotz bekennen: Wir werden nicht sterben, sondern leben. Man mag uns die öffentliche Geltung, Ehre und guten Namen nehmen: Wir werden nicht sterben, sondern leben. Man mag uns den Lebensraum, vielleicht ganz konkret diesen Versammlungsraum nehmen: Wir werden nicht sterben, sondern leben. Man mag uns die äußere Existenzmöglichkeit nehmen: Wir werden nicht sterben, sondern leben. Man mag uns die Jugend nehmen und auf unser Aussterben spekulieren: Wir werden nicht sterben, sondern leben.

Worauf gründet sich dieser Trotz? Weil wir lebend oder sterbend, sofern Gott Gnade gibt, des Herrn Werke verkündigen. Denn nur darum läßt Christus uns, die wir ja schon dem Tode im Rachen stecken, leben, gibt uns das tägliche Brot und täglich auch ein bißchen Freude zum Leben, gibt uns Sonnenschein und Frühling, gibt uns Frieden im Vaterland, nur damit wir des Herrn Werke verkündigen: nicht unsere Gedankengebilde und Ideale, nicht unsere Träume von dem, was Gott tun sollte, sondern die tat-

sächlich geschehenen Werke des Herrn: daß er die Welt geschaffen hat und noch erhält, daß er sie geliebt hat und ihr
seinen einzigen Sohn dahingegeben hat, daß er diesen seinen Sohn auferweckt hat und zum Herrn gemacht hat über
alles, daß er in ihm schon das Gericht über die Welt begonnen hat, dessen Hereinbrechen die Welt überraschen wird
wie das Kommen des Diebes über Nacht. Nur wer diese
Werke Gottes zu verkünden und zu bezeugen bereit ist,
kann sagen: Ich werde nicht sterben, sondern leben. Wer
davon schweigt, wird sterben. Wer davon zeugt, wird leben, ob er gleich stürbe.

Uns muß freilich bange sein, wenn wir so reden. Der
Glaubenstrotz sieht der Phrase eingebildeter Träumer zum
Verwechseln ähnlich. Aber eins bewahrt uns davor, daß
unser Glaubenszeugnis zur Phrase wird, daß wir den
Mund voll nehmen von eitlem Geschwätz und wir uns
mitschuldig machen an der Inflation des Wortes. Davor
bewahrt uns die Züchtigung des Herrn. Die an den Sieg
Gottes in Jesus Christus nicht glauben, die am Ostertag
vom Frühling in der Natur und vom Frühling in der Geschichte faseln, sie können sich wohl vieler Dinge rühmen,
aber bestimmt nicht der Trübsale. Sie können den Gott
nicht lieben, der sie züchtigt. Der Tod ist für sie nichts als
der Tod. Das Leid ist für sie nichts als Leid. Die Traurigkeit
ist für sie nichts als Traurigkeit. Die Armut ist für sie nichts
als Armut. Uns aber, die wir an den Sieg Gottes in Jesus
Christus glauben und darum nicht glauben an diese Welt
und ihre Macht, uns wird diese Welt mit ihrer Logik auf
den Kopf gestellt. Durch Jesus sind wir Sieger, und gerade
darum stellt uns Gott hin vor die Welt als die Geschlagenen
und die Verachteten, als die Unbekannten, Gezüchtigten,
Sterbenden, Traurigen, Armen. Doch mitten darin schafft
uns die Rechte des Herrn den Sieg. »Der Herr züchtigt
mich wohl, aber er gibt mich dem Tode nicht.« Wir stehen

da »als die Unbekannten, und doch bekannt; als die Sterbenden, und siehe, wir leben; als die Gezüchtigten, und
doch nicht ertötet; als die Traurigen, aber allezeit fröhlich;
als die Armen, aber die doch viele reich machen; als die
nichts innehaben und doch alles haben.«[11] Nicht um uns
zu trösten, es werde nicht zum Schlimmsten kommen.
Sondern gerade wenn es zum Schlimmsten kommt, wenn
uns die Welt alles nimmt und uns dem Tode übergibt, dann
schenkt uns Gott alles und gibt uns dem Tode nicht.

Dieses Glaubens kann keiner für sich allein leben. Glaube entzündet sich und erhält sich nur an Glauben. Wer die
Gemeinschaft des Glaubens verläßt, wer die Gottesdienste
meidet, wer auf brüderlichen Zuspruch und Trost verzich-
tet, der muß im Glauben erkalten und muß dem Leib Christi absterben. Darum weist uns die Osterbotschaft hin zu
Pfingsten, hin zu der Gegenwart des heiligen Geistes in der
Gemeinde, hin zur Kirche: »Tut mir auf die Tore der Gerechtigkeit, daß ich dahin eingehe und dem Herrn danke.
Das ist das Tor des Herrn; die Gerechten werden dahin
eingehen.« Wenn auch unsere Kirche mehr und mehr in
Trümmer geht, wir können zu Ostern ein besseres Tempel-
weihfest feiern als die alte Gemeinde in den Tagen Esras
und Nehemias. Reißt diesen Tempel ab, hat Christus gesagt, und nach drei Tagen will ich einen neuen bauen[12]. Er
hat uns einen neuen Tempel gebaut, nicht von Händen gemacht, seinen Leib, die eine heilige, allgemeine, christliche
und apostolische Kirche, die Gemeinschaft der Heiligen.
Das sind die Tore der Gerechtigkeit, in die wir eingehen als
die von Gott gerecht Gemachten, um in der Gemeinde
Gott zu loben und zu danken. Wir verstehen heute wieder
etwas von dem Trost des dritten Artikels, von dem Ge-

---

11 2.Kor 6,9f.
12 Mt 26,61.

schenk, das die Kirche darstellt. Wir wissen, daß da ein festes Schloß ist, wo der Name des Herrn verkündigt wird[13]. Und darum wird uns das Psalmwort zu einem lebendigen Gebet: »Eins bitte ich vom Herrn, das hätte ich gerne: daß ich im Hause des Herrn bleiben möge mein Leben lang, zu schauen die schönen Gottesdienste des Herrn und seinen Tempel zu betrachten.«[14]

Darum wehe allen, die die Tore der Kirche verrammeln wollen, um die Menschen, die geladen sind, nicht hineinzulassen. Wehe denen, die von sich aus wählen und scheiden, wer dazu gehört und wer nicht. Es haben in diesen Wochen evangelische Landeskirchen und auch einige Freikirchen beschlossen, daß nichtarische Christen nicht zu ihnen gehören dürfen[15], daß diese nicht zu den Gerechten, nicht zu den Gläubigen gehören dürfen, die in das Tor des Herrn eingehen, eben weil sie anderen Blutes sind. Wo das in einer Kirche geschieht, sind nicht mehr die Tore der Gerechtigkeit, sondern die Tore der Ungerechtigkeit. Da ist nicht mehr Kirche, sondern eben da ist die »Synagoge des Satans«[16]. Denn darin kann man nicht Gott danken für das, was er getan hat. Sondern da muß man sich selbst rechtfertigen, da muß man seine eigenen Werke rühmen, da muß man Menschen preisen. Da ist nicht, wie es in der hebräischen Sprache so schön lautet, das Danken zugleich Bekennen und das Bekennen zugleich Danken. Prüfen wir uns selber, ob unser Bekennen immer ein Danken und unser Danken immer ein Bekennen ist.

Wie vollzieht sich also dieses Bekennen und Danken in der Kirche, dieser Dienst in der Gemeinde Gottes? So, daß

---

13 Spr 18,10.
14 Ps 27,4.
15 S. u. Anhang S. 13.
16 Offb 2,9; 3,9.

wir mit dem Psalm sprechen: »Ich danke dir, daß du mich
demütigst und hilfst mir. Der Stein, den die Bauleute verworfen haben, ist zum Eckstein geworden. Das ist vom
Herrn geschehen und ist ein Wunder vor unsern Augen.«
Geholfen ist uns als den Gedemütigten. Der Jünger ist
nicht über seinen Meister. Haben die Juden Christus zum
Bau ihres Nationaltempels als untauglich verworfen, so
wird man auch uns heute zum Bau einer deutschen Natio-
nalkirche als untauglich verwerfen. Man hat es schon offen
ausgesprochen, daß der Dienst am Wort zum Aufbau des
Deutschlands, wie man es sich erträumt, höchst überflüssig
ist. Aber seien wir getrost! Der Stein, den die Bauleute verworfen haben, ist zum Eckstein geworden. Christus hat einen neuen Tempel geschaffen. Er hat seine Kirche gegründet auf einen Felsen, die Pforten der Hölle werden sie nicht
überwältigen. Wenn alle Reiche der Welt zusammenbre-
chen, wird sie stehen. Dann wird auch die Bekennende
Kirche Deutschlands am Jüngsten Tage stehen, von Menschen verworfen, von Gott zum Eckstein gesetzt.

Wir können das nur mit Zittern und Zagen aussprechen,
denn »das ist vom Herrn geschehen und ein Wunder vor
unsern Augen«. Hier ist aller Menschenruhm ausgeschlossen.

Sehen wir, daß mit dieser Osterbotschaft wirklich ein
neuer Tag, der Tag schlechthin, angebrochen ist? Der Tag,
der kein Ende hat, dem keine Nacht folgt, an dem uns
Christus leuchtet als die ewige Sonne? »Lasset uns freuen
und fröhlich darinnen sein«; denn wir sind nicht von der
Nacht, sondern wir sind »Kinder des Lichtes und Kinder
des Tages«[17].

---

17 1.Thess 5,5.

Nun können wir frei heraus rühmen:

»Der Herr ist meine Macht und mein Psalm und ist mein Heil.« Ja, der *Herr!* Was sind wir ohne ihn? Bei Menschen ist keine Macht. Bei Menschen ist kein Grund zum Singen. Bei keinem Menschen ist Heil. Wer sich aber zum Herrn kehrt, dem wird eine Decke weggenommen von den Augen[18], und der kann denen, die es nicht glauben, bezeugen: »Der Herr ist meine Macht und mein Psalm und ist mein Heil. Man singt mit Freuden vom Sieg in den Hütten der Gerechten: ›Die Rechte des Herrn behält den Sieg; die Rechte des Herrn ist erhöht; die Rechte des Herrn behält den Sieg!‹ Ich werde nicht sterben, sondern leben und des Herrn Werke verkündigen. Der Herr züchtigt mich wohl, aber er gibt mich dem Tode nicht. Tut mir auf die Tore der Gerechtigkeit, daß ich dahin eingehe und dem Herrn danke. Das ist das Tor des Herrn; die Gerechten werden dahin eingehen. Ich danke dir, daß Du mich demütigst und hilfst mir. Der Stein, den die Bauleute verworfen haben, ist zum Eckstein geworden. Das ist vom Herrn geschehen und ist ein Wunder vor unsern Augen. Das ist der Tag, den der Herr macht; lasset uns freuen und fröhlich darinnen sein.« Amen.

---

18 2Kor 3,16.

Anhang

S. Die Evangelische Kirche in Deutschland und die Judenfrage. Ausgewählte Dokumente aus den Jahren des Kirchenkampfes 1933 bis 1943. Verlag: Oikumene, Genf 1945, 165–179: »Die ›judenreine‹ Kirche.« Daraus 165: »Mit dem Jahr 1939 setzt der Kampf um die völlige ›Entjudung‹ der Kirche ein.« »Das erste Kirchengesetz, durch das Christen jüdischer Abstammung aus der Kirche ausgeschlossen wurden und das Juden die Taufe unmöglich machte, erließ die Thüringer evangelische Kirche.« (Februar 1939) »Die Nationalkirchliche Einigung Deutscher Christen nahm eine Erklärung an, die als ›Godesberger Erklärung‹ bekannt ist und die für die völlige Entjudung der Kirche eintrat.« 170: »Die deutsch-christlichen Landeskirchenleiter bejahten am 4. April 1939 die ›Godesberger Erklärung‹. Ihre Stellungnahme wurde im Gesetzblatt der Deutschen Evangelischen Kirche vom 6. April 1939 veröffentlicht ...«, unterzeichnet auch von Dr. Werner, dem Präsidenten des Evangelischen Oberkirchenrates der Evangelischen Kirche der altpreußischen Union. 179: »Die eindringlichen Proteste der Bekennenden Kirche wurden nicht gehört. Die Kirchenbehörden gingen auf dem Wege weiter, den sie angetreten hatten. Der Arierparagraph in der Kirche, die Entjudung der Kirche sollte rücksichtslos durchgeführt werden. So erließ der Evangelische Oberkirchenrat [der Evangelischen Kirche der altpreußischen Union] am 12. Mai 1939 eine Anweisung, wonach die der Behörde unterstellten Theologen vor ihrer Anstellung den Nachweis führen müssen, daß sie gemäß den Nürnberger Gesetzen nicht jüdischer, sondern arischer Abstammung sind.«

»Selig seid ihr«

Predigt in Berlin-Hermsdorf am 3. September 1939
(13. So. nach Trin.)

Zwei Tage nach der Entfesselung des Zweiten Weltkriegs durch
den Angriff auf Polen. Am 3. September 1939 erfolgte die
Kriegserklärung Frankreichs und Großbritanniens an Deutschland. Mir ist unvergeßlich, wie schon Ende Juni auf der Rück-
fahrt von einer kirchlichen Dienstreise in das Odergebiet die mit
Panzern beladenen Militärzüge gen Osten mir entgegenrollten.

*Und er wandte sich zu seinen Jüngern und sprach insonder-
heit: Selig sind die Augen, die da sehen, was ihr sehet.*

*Denn ich sage euch: Viele Propheten und Könige wollten
sehen, was ihr sehet, und haben's nicht gesehen, und hören,
was ihr höret, und haben's nicht gehört.*

Lk 10,23–24[1]

Uns, die wir in der neuen Lage unseres Volkes zum ersten
Mal gemeinsam vor Gottes Angesicht treten, alle bewegt
von den gleichen Nöten und Sorgen, eingespannt so oder
so in den nackten Kampf ums Dasein, alle miteinander der
Todeslinie einen Schritt näher gerückt, mit unseren Gedanken hineilend zu denen, die uns lieb sind und jetzt fern von
uns in Gefahr stehen für uns, ganz gewiß auch beunruhigt

---

1 Der Anfang des Evangeliums vom 13. So. nach Trin. nach der alten
Perikopenordnung.

von der Frage, wie wir selber in der Stunde der Bewährung bestehen würden, ja wie wir nun selbst auf die Länge der Zeit all die kleinen Bewährungsproben des Alltags bestehen und unsern Beruf und unser Amt recht versehen sollen; uns, die wir hin- und hergejagt von falschen Hoffnungen und von falschen Gerüchten uns in acht zu nehmen haben, daß wir nüchtern bleiben; uns, denen sowohl der Blick in die Zukunft als auch die wieder aufbrechende Erinnerung an noch nicht so lange vergangene Tage[2] zur Anfechtung einer menschlich sehr verständlichen Trauer und Verzagtheit werden könnten; uns, die wir also in Jesu Augen ohne Zweifel ein Häuflein Mühseliger und Beladener sind, uns ruft Gottes Wort in dieser Stunde zu: »Selig seid ihr!«

Was sollen wir mit diesem Wort anfangen? Wie soll uns dieses Wort heute gelten, wo wir, falls wir es vergessen haben sollten, daran erinnert werden, daß wir nicht auf einer Insel der Seligen leben, sondern in der von Gott abgefallenen Welt? Eines aber sollen wir uns gleich sagen lassen: Selig heißt nicht glücklich. Ob der Herr ein Recht hat, uns selig zu preisen, hängt nicht von den Verhältnissen ab, in denen wir leben. Und wenn wir nun auf uns selbst sehen? Finden wir dort den Grund, daß er uns selig preist? Nein, auch daher nimmt Jesus nicht das Recht, uns selig zu preisen. Bei unserer Person findet er nur ein trotziges oder verzagtes Herz. Ebensowenig wie die Verhältnisse machen uns eine glückliche Gemütsanlage, ein Hang zum Optimismus, ein unverwüstlicher Humor, die Fähigkeit, die Dinge von der leichten Seite zu nehmen, selig. Selig macht uns allein Jesus. Daß er da ist, für uns, bei uns, mit uns ist, das allein ist der Grund des überraschenden, unglaublichen »Selig seid ihr«. Darum sind wir nach Jesu Urteil selig zu preisen auch und gerade mitten in der Trübsal. Denn da wendet

---

2 Gemeint ist die Erinnerung an die Zeit des Ersten Weltkriegs.

sich Jesus uns zu. Da sehen und hören wir in Jesus Gott selbst. Und nicht nur das: Jesus schafft uns auch die rechten Augen und Ohren, daß wir ihn recht sehen und hören. Darin besteht unsere Seligkeit. Darin haben wir wirklich das Leben und volle Genüge. Von dort her kommen Kraft und Grund, in einer Zeit wie der heutigen zu singen: »Mein Herze geht in Sprüngen und kann nicht traurig sein, ist voller Freud und Singen, sieht lauter Sonnenschein. Die Sonne, die mir lachet, ist mein Herr Jesus Christ. Das, was mich singen machet, ist, was im Himmel ist.«[3]

Ja, selig seid ihr; denn Jesus wendet sich zu euch!
Es wird viele geben, die es jetzt wieder mit Gott zu tun bekommen. Wenn man Abschied voneinander nimmt, wenn man an die Front geht, wenn man ins Kampfflugzeug steigt, wenn man im Luftschutzkeller der Dinge harrt, die da kommen, dann wird mancher überhaupt zum ersten Mal oder auch nach langem wieder zum ersten Mal mit ganzem Herzen greifen wollen nach einem Grund, der dauerhafter ist als das eigene Leben und als alle irdischen Güter. Da wird mancher anfangen, zu Gott zu schreien. Da wird mancher spüren: Jetzt packt mich Gott an, hart, unendlich hart, so hart, wie ich es verdient habe, so hart, wie es nötig ist, daß ich es merke: Mein Leben ist nicht in meiner Hand, sondern in eines andern Hand, und mir hilft nichts, daß ich mich dessen Händen zu entwinden suche, sondern nur, daß ich mich getrost in seine Hände fallen lasse.

So wird es manchem gehen. Der Mehrzahl aber wird es nicht so gehen. Denn Not lehrt ja nicht nur beten, sondern auch und vielleicht vornehmlich fluchen. Vielen werden die Lichtlein, die sie sich aufgesteckt haben, um in ihrem

---

3 EG 351,13.

Schein eine Weile fröhlich zu sein, ausgeblasen werden, und dann wird es um sie her dunkel sein. Dann werden sie suchen und tappen im Finstern, werden ins Leere hinein schreien, werden vielleicht auch von Gott reden, aber er wird ihnen Finsternis sein und nicht Licht. Sie werden resignieren oder über ihn verzweifeln, aber sich nicht an ihm freuen und darin ihre Stärke haben. Er wird ihnen verborgen sein und nicht offenbar.

Denn uns hilft ja nichts, daß wir in schwerem Erleben mit dem verborgenen Gott zu tun bekommen, wenn wir nicht wissen, wer der Gott ist, der hinter dem Schweren, das er uns zeigt, verborgen ist. Was hilft uns Gott, wenn er uns nicht in Jesus Christus hilft? Was hilft es, daß wir uns zu Gott wenden, wenn sich Gott nicht in Jesus Christus zu uns wendet? Darum geht es heute: nicht daß wir es mit Gott im allgemeinen zu tun bekommen, sondern daß wir es mit Jesus Christus zu tun bekommen. Er wendet sich jetzt an alle. Denn »Gott will, daß allen geholfen werde und sie zur Erkenntnis der Wahrheit kommen«.[4] Und ihm, Jesus Christus, »ist alle Gewalt gegeben im Himmel und auf Erden«.[5] Darum wird er gerade jetzt seine Boten ausschicken in alle Welt und zu allen Völkern, damit sich zu ihm bekehren aller Welt Enden. Er wird dazu mannigfaltige und oft seltsame Wege gehen: durch eine Bibel, die schon jahrelang nicht mehr geöffnet wurde, durch ein Neues Testament, das einem die Mutter mit auf den Weg gab, durch einen Bibelspruch oder einen Liedervers, vielleicht mit Widerwillen gelernt und doch plötzlich da und gegenwärtig, oder durch das schlichte Zeugnis eines Menschen, der die Kraft Jesu erfahren hat, oder auch allein durch einen christlichen Wandel, ohne alle Worte. Jesus al-

---

4 1.Tim 2,4.
5 Mt 28,18.

lein weiß alle Wege, wie er sich an Menschen wendet, die sich von ihm abgewendet haben.

Jesus will auch uns dazu brauchen. Darum wendet er sich zu uns insonderheit. Zu uns, die wir seinen Namen tragen, die wir, in aller Schwachheit, doch nun einmal seine Jünger sind. Ist es nicht ein Wunder, daß sich Jesus so insonderheit zu uns wendet? Daß wir nicht wie viele, viele andere angewiesen sind auf irgendeine zufällige Begegnung mit Jesus, sondern daß er sich zu uns wendet hier im Gottesdienst, hier in der Gemeinde, hier in seinem Wort? Müssen wir nicht einfach Jesus zustimmen und sagen: Ja, du hast recht, wir sind selig darin, daß wir dich haben in diesen Zeiten, daß du dich immer noch und immer von neuem an uns wendest, daß wir noch Zeit und Gelegenheit haben, in der Gemeinde zusammenzukommen, und viel mehr, daß du noch Zeit und Geduld hast für uns.

Auch wenn es uns allen mehr oder weniger eine Last wäre, daß wir von dir durch den Gang der Dinge so gesondert genommen werden, und wenn es uns auch bange davor sein mag, jetzt, wo alles zusammenstehen muß, doch von dir nicht entlassen zu werden, sondern von dir besonders genommen zu werden und in diesem Besonders-Genommenwerden vor den andern aufzufallen und beargwöhnt zu werden, so lassen wir es doch geschehen und sind, wenn auch äußerlich nicht glücklich, so doch selig darin; denn wir wissen: Du wendest dich zu uns insonderheit und nimmst uns besonders, nicht damit wir uns absondern von den andern, sondern damit du uns fähig machst, uns mit ganzer Hingabe hinzuwenden zu unserm Volk. Aus deinen großen Gaben an uns machst du Aufgaben für uns an die andern. Du willst nicht, daß wir in Zurückgezogenheit für uns allein die Seligkeit deiner Gegenwart genießen, sondern du willst, daß wir Zeugen dessen seien, daß selig ist, zu dem du dich wendest.

Denn da erhellt sich der eigentliche Grund der Seligprei-
sung: Selig seid ihr! In Jesus seht und hört ihr Gott selbst.

In Christus sehen wir, daß Gott die Liebe ist. Hier geht
uns Gott nach. Derselbe Gott, demgegenüber wir uns selbständig gemacht haben, um unsere eigenen Wege zu gehen.
Derselbe Gott, der auch die Völker ihre eigenen Wege gehen läßt und der darum uns alle ernten läßt, was wir gesät
haben. Dieser Gott, den die Welt so mißachtet, daß sie ihn
nicht einmal fürchtet, er geht uns nach und findet uns einsam oder krank oder geängstigt oder verzweifelt oder
strauchelnd oder fallend und sagt nicht: Seht ihr, das
kommt davon!, sondern macht seine Arme auf und spricht:
»Kommt her zu mir alle, die ihr mühselig und beladen seid,
ich will euch erquicken.«[6] Und dann gibt er »den Müden
Kraft und Stärke genug dem Unvermögenden«.[7] Dann
heilt er uns wirklich von allen Gebrechen. Dann gibt er uns
den einzigen Trost, der sich nicht erschöpft, die einzige
Speise, die uns nicht gleich wieder hungrig, den einzigen
Trank, der uns nicht gleich wieder durstig werden läßt, indem er uns bei der Hand nimmt und sagt: Dir sind deine
Sünden vergeben, du bist jetzt rein, schneeweiß vor mir.
Und dann gibt er uns das Licht seiner Wahrheit, das den
Weg vor uns erleuchtet, wenn auch nicht einfach alle Finsternis vertreibt, aber doch Schritt für Schritt uns zeigt,
wohin wir treten sollen, so daß wir gewisse Tritte tun und
nicht straucheln. Und dann zeigt er uns durch alle Finsternis der kommenden Tage hindurch ein leuchtendes Ziel,
einen Richtung gebenden Stern, die Aussicht auf seinen
Tag.

Denn das ist so wunderbar: In Christus sehen wir Gott
nicht nur als den, der die Liebe ist, sondern auch als den,

---

6 Mt 11,28.
7 Jes 40,29.

der die Macht hat. Christus hat wirklich die Vollmacht,
Sünden zu vergeben, Gebrechen zu heilen, böse Geister
auszutreiben, uns in seinen Dienst zu stellen. Denn in ihm
bricht Gottes Reich herein auf diese Erde. In ihm erkennen
wir die Zeichen der Zeit, durch ihn wissen wir, daß Krieg
und Kriegsgeschrei ein Zeichen dessen sind, daß sich das
Ende naht. Darum »erhebet eure Häupter, weil sich eure
Erlösung naht«.[8] Verzagt nicht, sondern wisset, daß Gott
durch alle Erschütterungen der Welt hindurch sein Werk
zum Ziel führt. »Auf, auf, gib deinem Schmerze und Sorgen gute Nacht, laß fahren, was das Herze betrübt und
traurig macht; bist du doch nicht Regente, der alles führen
soll, Gott sitzt im Regimente und führet alles wohl. Ihn,
ihn laß tun und walten, er ist ein weiser Fürst und wird sich
so verhalten, daß du dich wundern wirst, wenn er, wie ihm
gebühret, mit wunderbarem Rat das Werk hinausgeführet,
das dich bekümmert hat.«[9] In dieser Gewißheit sind wir
bereit, jederzeit mit Frieden und Freude dahinzufahren, ja
mit Simeon zu beten: »Herr, nun lässest du deinen Diener
in Frieden fahren. Denn meine Augen haben deinen Heiland gesehen.«[10] Ja, Jesus hat recht: »Selig sind die Augen,
die da sehen, was ihr seht.«
    Aber was sehen wir denn von unserm Heiland? Sehen
wir weniger als die Jünger, zu denen Jesus zum ersten Mal
sprach: »Selig sind die Augen, die da sehen, was ihr seht«?
Hören wir nicht wie sie Jesu Wort? Sehen wir nicht wie sie,
daß sein Wort Macht hat unter uns und über uns selbst?
Sehen wir nicht die Zeichen seiner Gegenwart genau so
armselig auf den äußeren Blick und genau so abgründig
reich für den Blick des Glaubens: das Kind in Windeln ge-

---

8 Lk 21,28.
9 EG 361,7 und 8.
10 Lk 2,29f.

wickelt und in einer Krippe liegend, den von der Welt Verachteten und Verspotteten, das Kreuz, an das er gehenkt ist? Ist er nicht auch noch heute so unter uns gegenwärtig? Und sehen wir nicht gerade in dieser Niedrigkeit, in diesem Leid, in diesem Kreuz seine Herrlichkeit? Ist nicht dieses Kreuz das sicherste Zeichen, an dem wir die Kirche, seinen Leib, unter uns erkennen? Und schauen wir da nicht wirklich, wie Luther sagt, in einen glühenden Backofen göttlicher Liebe?

Ach, hätten wir solche Augen, die das sehen, und solche Ohren, die das fassen könnten! Ihr Lieben, die Schrift sagt uns: Selig seid ihr, denn Jesus schafft euch rechte Augen und rechte Ohren.

Das ist wahr: Wenn uns Jesus nicht erleuchtet, dann sind wir blind. Dann sehen wir ihn wohl, aber als eine Gestalt, die uns nicht gefällt. Dann sehen wir mit sehenden Augen nichts, und mit hörenden Ohren hören wir nichts. Dann sind wir verstockt für sein Wort und für seine Erscheinung und müssen in allem, was wir sehen und hören, ihn nur als Lügner bezeichnen und dann auch wirklich radikal und ohne Einschränkung und ohne kurzschlüssigen Ersatztrost bekennen: Gott ist nicht Liebe, vielmehr regiert der Haß aller gegen alle die Welt. Gott kommt nicht, sein Reich aufzurichten, sondern Gott ist tot. Das Kreuz ist nicht das Zeichen des Sieges, sondern das Zeichen der Dummen und Betrogenen.

Jesus aber macht Blinde sehend und Taube hörend. Wir wissen nicht, wie er es an uns tut, aber wir wissen, daß er uns fortsehen läßt von allem, was uns Grauen machen will, weg von allen Sorgen und Ungewißheiten hin auf das an sich nicht weniger grauenvolle Zeichen des Kreuzes, in dem wir aber doch auf Gottes Wort hin seine Liebe erkennen, seinen Sieg, seine für uns gewirkte Erlösung. Selig

sind die Augen, die da blind sind für das, was uns die Welt
vorgaukelt, blind für alle Gespenster, die uns schrecken
wollen, und allein sehend für Gottes Wirklichkeit, die
zwar vor unsern leiblichen Augen verborgen ist, aber dem
geistlichen Auge offenbar.

Das heißt nicht, daß wir nun für die Welt schlechthin
blind sind. Im Gegenteil, der Christ, der in Christus Gott
selbst sieht und hört, sieht und hört in die Welt hinein mit
schärferen Augen und Ohren als andere Menschen. Er
sieht und hört hinter dem Guten, was uns zukommt, nicht
den Sieg unserer Kraft und unserer Leistung, sondern den
unergründlichen Reichtum der Gnade Gottes, und hinter
dem Bösen, was uns trifft, nicht den Sieg böser Mächte und
finsterer Gewalten, sondern das letzte Zerren und Reißen
der schon gebundenen Schlange, die Wehen des hereinbre-
chenden Reiches Gottes. So haben wir wahrhaftig offene
Augen für die Not der Welt. Aber es wird uns dann so gehen, wie Bodelschwingh seiner Erfahrung Ausdruck gegeben hat, daß wir über der Erfahrung, wie hart Gott gegen
Menschen sein kann, barmherzig werden.

Wenn Jesus zu uns sagt: Selig seid ihr, so lasset uns genügen
an dieser unserer Seligkeit. Bedenkt doch, was wir mit dieser Seligkeit den andern voraus haben.

»Viele Propheten und Könige wollten sehen, was ihr
seht und haben es nicht gesehen, und hören, was ihr hört,
und haben es nicht gehört.« Wir Christen leben nicht mehr
in der Zeit des alten Bundes, wo die Gläubigen allein aufs
Warten gestellt waren. In Christus ist das Reich angebrochen. Da hören wir von seinen Siegen. Da sehen wir sein
Kommen.

Stellt uns so Christus über die Propheten und frommen
Könige des alten Bundes, wie viel mehr haben wir etwas
voraus vor denen, die gar nichts glauben. Was haben wir

voraus? Nicht äußeres Glück und Wohlbefinden, nicht irgend eine Versicherung für dieses Leben, nicht die Rückzugsmöglichkeit in einen sturmfreien Bezirk der Innerlichkeit. Die Leiden, die über die Welt kommen, kommen auch über uns, ja sie kommen mehr über die Christen als über die andern. Aber das haben wir voraus, daß uns kein Leiden töten kann, auch wenn es uns tötet. Darum: »Unverzagt und ohne Grauen soll ein Christ, wo er ist, stets sich lassen schauen. Wollt ihn auch der Tod aufreiben, soll der Mut dennoch gut und fein stille bleiben. Kann uns doch kein Tod nicht töten, sondern reißt unsern Geist aus viel tausend Nöten, schließt das Tor der bittern Leiden und macht Bahn, da man kann, gehn zu Himmelsfreuden.«[11]

Daß wir nur keinen Augenblick vorübergehen lassen, diese Seligkeit zu fassen, uns darin zu üben und sie andern zu bezeugen! Wie wichtig wird jetzt, liebe Gemeinde, das Tischgebet, wenn wir auch über schmaler Kost sprechen: »Danket dem Herrn, denn er ist freundlich und seine Güte währet ewiglich.«[12] Wie wichtig wird jetzt das Abendgebet: »Breit aus die Flügel beide, o Jesu meine Freude, und nimm dein Küchlein ein. Will Satan mich verschlingen, so laß die Engel singen: Dies Kind soll unverletzet sein.«[13] Wie wichtig wird jetzt der Dank am Morgen: »Daß Feuerflammen uns nicht allzusammen mit unsern Häusern unversehns gefressen, das macht's, daß wir in seinem Schoß gesessen. Lobet den Herren!«[14] Wie wichtig wird jetzt, daß wir täglich die Bibel lesen, daß wir ihre Worte uns einprägen, um sie auswendig zu können, daß wir zusammenkommen, um sie uns einander zu erklären. Wie wichtig wird

---

11 EG 370,7 und 8.
12 Ps 107,1.
13 EG 477,8.
14 EG 447,4.

jetzt sein, daß wir einen wirklichen Christenwandel führen, ein Vorbild geben der Liebe, ein Vorbild der Geduld,
ein Vorbild der Hoffnung. Wie wichtig, daß wir auch vor
der Welt Zeugen der Seligkeit sind, die uns Jesus gibt, und
stets von neuem beten, daß er sie uns gebe: »Ach mein
Herr Jesu, dein Nahesein gibt großen Frieden ins Herzen
hinein. Und dein Gnadenanblick macht uns so selig, daß
Leib und Seele darüber fröhlich und dankbar wird.«[15]
Amen.

---

15 EKG [1951, Württembergische Ausgabe] 468,1.

»Niemand kann zwei Herren dienen«

Predigt in Berlin-Hermsdorf am 17. September 1939
(15. So. nach Trin.)

Sowjetrussischer Einmarsch in Ostpolen auf deutsches Drängen
hin.

*Darum sage ich euch: Sorget nicht für euer Leben, was ihr
essen und trinken werdet, auch nicht für euren Leib, was
ihr anziehen werdet. Ist nicht das Leben mehr denn die
Speise? und der Leib mehr denn die Kleidung?*

*Sehet die Vögel unter dem Himmel an: sie säen nicht, sie
ernten nicht, sie sammeln nicht in die Scheunen; und euer
himmlischer Vater nährt sie doch. Seid ihr denn nicht viel
mehr denn sie?*

Wer ist aber unter euch, der seiner Länge eine Elle zusetzen möge, ob er gleich darum sorget?

*Und warum sorget ihr für die Kleidung? Schauet die Lilien auf dem Felde, wie sie wachsen; sie arbeiten nicht, auch
spinnen sie nicht.*

Ich sage euch, daß auch Salomo in aller seiner Herrlichkeit nicht bekleidet gewesen ist wie derselben eins.

*So denn Gott das Gras auf dem Felde also kleidet, das
doch heute steht und morgen in den Ofen geworfen wird;
sollte er das nicht viel mehr euch tun, o ihr Kleingläubigen?*

*Darum sollt ihr nicht sorgen und sagen: Was werden wir
essen, was werden wir trinken, womit werden wir uns kleiden?*

Nach solchem allem trachten die Heiden. Denn euer himmlischer Vater weiß, daß ihr des alles bedürfet.

Trachtet am ersten nach dem Reich Gottes und nach seiner Gerechtigkeit, so wird euch solches alles zufallen.

Darum sorget nicht für den andern Morgen; denn der morgende Tag wird für das Seine sorgen. Es ist genug, daß ein jeglicher Tag seine eigene Plage habe.

Mt 6,24–34[1]

Luther hat einmal gesagt: »Wahrlich, es sind sehr gefährliche Zeiten jetzt in dieser Welt. Es wäre not, wer auf die Kanzel wollt' gehen und das lautere Evangelium wollt' sagen, daß er vorher mit dem Sakrament versehen wäre.«

Das wird jeder, der heute in unseren gefährlichen Zeiten das lautere Evangelium verkündigen will, ebenso empfinden. Ja, jeder, der in diesen gefährlichen Zeiten als Christ leben und sterben will, wird das empfinden: Es wäre not, daß ich vor all dem, dem ich entgegengehe und das auf mich wartet, mit dem Sakrament versehen wäre. Darum versammeln wir uns heute am Tisch des Herrn und werden es vielleicht von heute an häufiger tun als bisher.

Inwiefern sind die Zeiten, in denen wir leben, gefährlich und böse? Nicht um deswillen, weswegen die meisten Menschen heute, nicht nur in Europa, sondern wohl in der ganzen Welt, zu seufzen beginnen: Das ist ja entsetzlich! Was soll daraus werden? Was sollen wir essen? Was sollen wir trinken? Womit sollen wir uns kleiden? Wie lange werden unsere Vorräte reichen? Und was wird dann, wenn sie nicht mehr reichen?

---

1 Evangelium des 15. So. nach Trin. nach der alten Perikopenordnung.

Nicht daß äußere Not hereinbricht, ist das Gefährliche
an unserer Zeit, daß wir uns einschränken müssen, daß
Opfer von uns verlangt werden, daß wir nicht wissen, was
morgen sein wird, daß wir uns nicht Schätze sammeln können und unsere Seele nicht mit einem Vorrat auf viele Jahre
beruhigen können, daß wir vielleicht noch einmal erhebli-
chen Mangel an allem Lebensnotwendigen zu tragen haben, und auf jeden Fall unter dauernder Bedrohung unsers
Lebens. Im Gegenteil, das könnte gerade etwas Gutes an
unserer Zeit sein, nämlich daß wir dort, wo kein Mensch
mehr helfen kann, Gott zum Helfer anrufen, daß, wo unsere Sorgen nichts mehr ausrichten, wir sie wirklich fahren
lassen.

Nicht die drohende äußere Not macht also unsere Zeit
zu einer gefährlichen Zeit. Die eigentliche Gefahr ist vielmehr die: daß wir uns so stark von der gegenwärtigen Zeit
beanspruchen lassen, daß wir zwei Herren zu dienen für
unsere selbstverständliche Pflicht und für unser Leben zu
sorgen für unser selbstverständliches Recht halten.

Weil wir heute Gäste sind an dem Tisch unseres himmlischen Königs, so laßt uns prüfen, ob wir angetan sind mit
dem hochzeitlichen Kleid, ob wir ausgerüstet sind mit dem
rechten Glauben, der Jesu Wort recht und dem Geist der
Zeit unrecht gibt: Ich kann und will nicht zwei Herren dienen. Ich kann und will nicht für mein Leben sorgen.

Wir fragen uns darum zum ersten: Steht uns das wirklich
so fest, daß niemand zwei Herren dienen kann? Gibt es
nicht viele, die zwei und mehr Herren dienen können?
Haben nicht auch wir Erfahrung darin? Ja, muß es nicht so
sein auf Erden? Unterscheiden sich nicht darin die Christen von den Heiden? Die einen hängen nur an dem Gott
oder den Göttern dieser Welt: am Geld oder an der Macht,
am eigenen Ich oder am Staat. Von daher erhalten sie ihre
Gesetze und können ungebrochen sich dieser Welt hinge-

ben. Sie wissen nichts von den Konflikten eines Christen. Denn der Christ lebt zwar auch in der Welt. Er muß auch mit Geld umgehen, muß auch sehen, wie er sich behauptet, trägt auch sein liebes Ich mit sich herum und ist auch Glied eines Volkes und Untertan eines Staates. Aber er fragt doch auch nach Gott und seinem Reich. Ist er nicht Bürger zweier Welten? Muß er nicht zwei Herren und Mächten dienen, dem Reich Gottes und dem Reich der Welt?

Aber Jesus sagt: Dieses »und« ist vom Teufel. Dieses »und« macht euch schlimmer als die Heiden. Dieses »und« paßt zu den Götzen, deren nun einmal viele nebeneinander existieren, aber es paßt nicht zu Gott, der als unser Herr ein eifriger Gott ist. Zu Gott paßt nicht das Wörtlein »und«, sondern nur das Wörtlein »allein«. Wo Gott auftritt, da heißt es: entweder – oder! Entweder Gott oder die Welt. Entweder liebst du die Welt, dann hassest du Gott. Oder du liebst Gott, dann hassest du die Welt. Ein Mittleres gibt es nicht. Denn Gott allein ist gerecht. Aber die Welt und ihr Gott, der Mammon, sind schlechthin ungerecht. In Gottes Reich, wo Gott allein der Herr ist, da regiert die Wahrheit, da regiert sein guter, gnädiger Wille, da steht alles in seiner Ordnung, da wird alles, was zerstört war, wieder zurecht gebracht, da wird auch uns, die wir von der Ungerechtigkeit der Welt befleckt sind, die Gerechtigkeit von Gott geschenkt, die Vergebung aller Sünden, um des einen Gerechten willen, um Jesu Christi willen. Aber im Reich der Welt, wo der Mammon Herr ist, der getarnte oder nackte Egoismus, der Einzel- oder Massenegoismus, da regiert die Lüge und ein teuflisch böser Wille, da wird das Recht zerstört und hat der Krieg das letzte Wort.

Wie kann man da in der Welt Gott dem Herrn allein dienen? Jesus fordert von uns allerdings eine beispiellose Rücksichtslosigkeit gegen die Bindungen der Welt, die sich als die wichtigsten aufdrängen: Ihr habt nicht in erster Linie Rücksicht zu nehmen auf euer Leben, ob ihr morgen zu essen habt und wie ihr einigermaßen durch die Welt kommt. Ihr habt nicht in erster Linie Rücksicht zu nehmen auf eure Ehre. Ihr habt nicht in erster Linie Rücksicht zu nehmen auf eure eigenen Angehörigen. Ihr habt nicht in erster Linie Rücksicht zu nehmen auf die öffentliche Meinung, auf Volk und Staat. In erster Linie Rücksicht zu nehmen habt ihr auf Gottes Willen. Trachtet am ersten nach dem Reiche Gottes und nach seiner Gerechtigkeit. »Am ersten«, das heißt nun aber nicht: In zweiter Linie dürft ihr auch Rücksicht nehmen auf all die andern Dinge, je nach deren Wichtigkeit und Notwendigkeit. Die Bindung an Gott allein, an Christus allein, an die Schrift allein, an die Gnade allein, an den Glauben allein will so ernst genommen sein, daß es in der Welt keine andere, zweite Bindung gibt, die nicht allein von dieser ersten und einzigen Bindung abgeleitet wäre und von daher bindende Kraft hätte. Dem Nächsten soll ich nicht dienen, weil ich erwarte, etwas von ihm zu haben, oder weil der andere etwas von mir haben will, sondern allein weil Gott es so haben will. Dem Staat soll ich nicht dienen, weil der Staat es so haben will, sondern allein weil Gott es so haben will. Gott allein gibt dem Nächsten, gibt Vater und Mutter, Lehrern und Vorgesetzten, Gott gibt auch der Obrigkeit Vollmacht. Und diese Vollmacht reicht keinen Schritt weiter als Gottes Gebot. In dem, was Gottes Gebot widerspricht, hat kein Mensch über mich Vollmacht, kann mich kein Mangel binden und zwingen. Ein Christ ist ein freier Herr aller Dinge und niemandem als Gott allein untertan. Und darum allein und allein so weit ist der Christ ein dienstbarer Knecht aller Dinge und jedermann untertan[2].

---

2 M. Luther, Von der Freiheit eines Christenmenschen, 1520.

Wird das nicht zu einer Bußfrage an uns alle? Haben wir in der Welt jederzeit und gerade in der letzten Zeit, in dieser gegenwärtigen bösen Zeit gelebt als solche, die alles, was sie tun, von Herzen allein Gott tun und nicht den Menschen? Haben wir unsere Steuern bezahlt, weil Gott es so will, oder haben wir unsere Steuern bezahlt, weil sonst der Gerichtsvollzieher kommt? Haben wir den Staat geehrt, nur weil er es so haben will, oder haben wir den Staat geehrt, weil Gott ihm eine bestimmte und begrenzte Vollmacht gegeben hat? Beten wir in der Kirche für den Führer, nur weil man darauf achtet, ob wir es tun? Oder beten wir für den Führer, weil Gott will, daß wir für ihn wie für alle Obrigkeit beten? Und so können wir weiter fragen: Haben wir gearbeitet aus Gehorsam gegen Gott oder aus Sorge um unser Leben? Haben wir geschwiegen aus Angst oder haben wir geschwiegen aus rechter christlicher Zucht? Haben wir geredet aus Leichtfertigkeit oder aus christlicher Verantwortung?

Und so fragen wir uns zum zweiten: Sind wir nicht alle von der Sorge besessen, und zwar so sehr, daß wir meinen, das sei noch etwas Rechtes und Gutes? Wir brauchen uns doch gegenseitig nichts vorzumachen: Wir sorgen uns alle! Wer kann sich heute den Fragen entziehen: Was sollen wir essen? Was sollen wir trinken? Womit werden wir uns kleiden? Wie soll man einer Mutter von vielen Kindern, deren Mann im Felde ist, sagen: So darfst du nicht reden!? Die Sorge ist so sehr uns aufgenötigt, daß wir um die leichtsinnigen Optimisten, die da sagen: Es werde so schlimm nicht werden, nur doppelt besorgt sein müssen. Die Sorge frißt so um sich, daß sie gerade diejenigen erfaßt hat, die sich in Zerstreuung und Vergnügungen stürzen, um zu vergessen, die jetzt das »Freut euch des Lebens« mit doppelter Kraft singen. Was ist der Hintergrund des Vergnügens anderes als die Flucht vor der Sorge, eine getarnte Sorge? Und wie geht es uns Christen? Wir kommen wohl jetzt mit einem allgemeinen Gottvertrauen und den biederen Redewendungen wie: Der alte Gott lebt noch, nicht aus. Gerade dann, wenn wir begriffen haben: Niemand kann zwei Herren dienen, muß uns, die wir Gott allein dienen wollen, die Sorge um unser Leben doch doppelt groß aufbrechen.

Und nun verbietet uns Jesus das Sorgen und nennt es kleingläubig, ja heidnisch. Er gibt uns folgendes zur Erwägung: Euer Sorgen ist ganz kurzsichtig. Es richtet sich auf das, was ihr so »Lebensmittel« nennt. Aber ist nicht das Leben mehr denn die Speise und der Leib mehr denn die Kleidung? »Der Mensch lebt nicht vom Brot allein, sondern von einem jeglichen Wort, das durch den Mund Gottes geht.«[3] Und der Mensch hat nicht nur den alten Leib, sondern ihn erwartet ein neuer, herrlicher Leib in der Auferstehung. Um dieses Leben aus dem Worte Gottes, um euer Aussehen vor Gott kümmert euch in erster Linie. Und dann: Euer Sorgen ist ganz zwecklos. Ihr wollt doch alle ein sorgloses Leben. Darum sorgt ihr euch. Ihr könnt euer Leben auch nicht um eine Elle verlängern mit eurem Sorgen. Und schließlich: Euer Sorgen ist ganz gottlos. Ihr wollt tun, was allein Gott tun kann und was er so reichlich tut, wie ihr es an den Vögeln und an den Lilien seht. Was ist ein Vogel ohne Gott? Er ist nicht einen Pfennig wert. Was ist eine Lilie ohne Gott? Gras, das heute steht und morgen in den Ofen geworfen wird. Seid ihr denn nicht viel mehr als sie?, fragt Jesus. Ja, aber nur mit Gott und durch Gott. Denn ohne Gott bist auch du nicht einen Pfennig wert, bist du wie alles Fleisch Gras und ist dein Leben wie eines Grases Blume. »Das Gras verdorrt und die Blume verwelkt. Nur das Wort unseres Gottes bleibt in Ewigkeit.«[4] Und

---

3 5.Mose 8,3 Mt 4,4.
4 Jes 40,8.

nur sofern du dieses Wort Gottes bei und mit dir hast, ist
für dich in Ewigkeit gesorgt.

Und damit ist die Sorge überwunden. Denn wenn der
himmlische Vater uns für die ganze Ewigkeit versorgt hat,
dann wird er uns auch für die kurze Zeit unseres Lebens
noch versorgen können. Er weiß, wessen wir bedürfen.
Darum hat er uns seinen lieben Sohn Jesus Christus geschenkt. »Sollte er uns mit ihm nicht alles schenken?«[5]
Sollte er uns nicht das Lebensnotwendige und wahrhaftig
doch meist viel mehr als das unbedingt Notwendige täglich
zufallen lassen? Wer wollte Gott ins Gesicht verklagen,
daß er je wirklich Mangel gehabt hat? Nicht daß er es
knapp gehabt hat, sondern daß ihn Gott wirklich vergessen
hat? Wir können wie die Jünger auf die Frage: »Habt ihr je
Mangel gehabt?«, doch nur antworten: »Niemals!«[6]

Denn wenn wir auch nicht wissen, was wir morgen haben werden, wir wissen, was wir heute haben: Wir haben
Jesus Christus als unsern Bruder und haben Gott als unsern lieben Vater. Und wissen: Jesus Christus ist gestern
und heute und in alle Ewigkeit derselbe, wie sein Vater von
Ewigkeit zu Ewigkeit war und ist und sein wird. Er wird
uns »nicht verlassen noch versäumen«.[7]

Und wenn wir auch nicht wissen, was wir morgen zu
essen und zu trinken haben und womit wir uns kleiden sollen, wir haben heute zu essen, zu trinken und uns zu kleiden. Nicht nur für den Leib. Das haben ja alle Vögel und
alle Blumen ebenso. Aber wir haben viel mehr als sie. Christus deckt uns den Tisch und lädt uns ein: »Mein Fleisch ist
die rechte Speise. Mein Blut ist der rechte Trank.«[8] Ja, ich

---

5 Rm 8,32.
6 Lk 22,35.
7 Hebr 13,8.5.
8 Joh 6,55.

gebe euch auch das hochzeitliche Kleid zum Hochzeits-
mahl, zu dem ihr geladen seid. »Zieht an den Herrn Jesus
Christus!«[9] An ihm habt ihr morgen und in alle Ewigkeit
das rechte Ehrenkleid. Laßt euch speisen mit seinem
Fleisch und tränken mit seinem Blut. Dann wird euch nimmermehr hungern und nimmermehr dürsten. Darum eile
nicht mit deinen Gedanken zum morgigen Tag! Lerne in
echtem Sinne von der Hand in den Mund zu leben, zu leben, was dir Gott zufallen läßt! Lerne vom Wunder Gottes
zu leben! Gottes Wunder widerfährt dir heute leiblich und
geistlich. Was morgen sein wird? Vielleicht geht es dir wie
der Witwe zu Zarpath[10]. Vielleicht ruft dich Christus an
seine himmlische Tafel. So oder so: »Werft nur alle eure
Sorgen auf ihn. Er sorgt wirklich für euch«![11] Amen.

---

9   Rm 13,14.
10 Vgl. 1.Kön 17,8–16.
11 1.Petr 5,7.

Wer Gott nur vom Hörensagen kennt ...

Predigt in Berlin-Hermsdorf am 24. September 1939
(16. So. nach Trin.)

Siehe, selig ist der Mensch, den Gott straft; darum weigere dich der Züchtigung des Allmächtigen nicht.

Denn er verletzt und verbindet; er zerschlägt, und seine Hand heilt.

Aus sechs Trübsalen wird er dich erretten, und in der siebenten wird dich kein Übel rühren:

in der Teuerung wird er dich vom Tod erlösen und im Kriege von des Schwertes Hand;

er wird dich verbergen vor der Geißel der Zunge, daß du dich nicht fürchtest vor dem Verderben, wenn es kommt;

im Verderben und Hunger wirst du lachen und dich vor den wilden Tieren im Lande nicht fürchten;

sondern dein Bund wird sein mit den Steinen auf dem Felde, und die wilden Tiere auf dem Lande werden Frieden mit dir halten.

Und du wirst erfahren, daß deine Hütte Frieden hat, und wirst deine Behausung versorgen und nichts vermissen,

und wirst erfahren, daß deines Samens wird viel werden und deine Nachkommen wie das Gras auf Erden,

und wirst im Alter zu Grabe kommen, wie Garben ein-
geführt werden zu seiner Zeit.

Hiob 5,17–26[1]

Nicht wahr, das ist ein schöner Text! Wie redet er uns in
dieser Zeit zu Herzen!

»Siehe, selig ist der Mensch, den Gott straft.« Ist damit
nicht das Rätsel des Leides, das uns Gott auferlegt, gelöst?
Wir haben so selbstverständlich allezeit das Gute aus Gottes Hand angenommen. Sollen wir nun das Böse nicht auch
aus seiner Hand hinnehmen[2]? Wenn wir wissen, daß Gott
hinter dem Leid steht, daß Gott, obwohl er uns verlassen
zu haben scheint, gerade durch das Leid uns nicht losläßt,
daß Gott, obwohl er uns straft, ja gerade weil er uns straft,
eben damit seine Liebe uns beweist, daß das Leiden also
einen Sinn hat, daß es uns zur Züchtigung gereicht, zur
Umkehr, zur Besserung bringt, so daß wir uns zu Gott
wenden und unsere Sache vor ihn bringen, »der große Dinge tut, die nicht zu erforschen sind, und Wunder, die nicht
zu zählen sind«[3], – wenn wir das wissen, dann wird das
Leiden nicht nur erträglicher, sondern dann können wir
mit Recht in Vorwegnahme der Frucht des Leides schon
jetzt selig genannt werden.

Es ist also eine tiefe seelsorgerliche Weisheit, daß es
heißt: »Darum weigere dich der Züchtigung des Allmächtigen nicht.« Wer gegen die Züchtigung Gottes anrennt,
wer sie abschütteln will, wer sich nicht unter seine gewalti-
ge Hand beugt, wer nicht wirklich sein Kreuz aufnimmt
und trägt, statt sich bloß damit beladen zu lassen, der
gleicht einem Gefesselten, der durch ungeduldiges und

---

1 Freie Textwahl.
2 Hiob 2,10.
3 Hiob 5,9.

vergebliches Zerren an den Ketten seine Schmerzen nur
größer macht; ja der gleicht noch besser einem Kranken,
der dem schneidenden Messer des Arztes nicht stille hält
und dadurch schuld daran wird, daß ihm dieser Eingriff
nicht zum Leben, sondern zum Tode dient.

»Denn er verletzt und verbindet, er zerschlägt und seine
Hand heilt.« Gott tut beides. Und er kann nicht eins tun
ohne das andere. Er kann uns nicht heilen, ohne uns zu zerschlagen. Er kann uns nicht erhöhen, ohne uns zu demütigen. Er kann uns nicht das Leben schenken, ohne uns zu
töten. Er kann uns nicht in den Himmel bringen, ohne uns
zuvor die Schrecken der Hölle kosten zu lassen.

Darum will uns dieses Wort rufen zum Vertrauen auf
Gott mitten in der bösen Zeit. Gott wird es nicht zum äu-
ßersten kommen lassen. Er wird uns zwar ein Stück weit
immer wieder hineinstoßen in Trübsale. Aber er wird uns
nicht darin stecken lassen. Das Unglück mag sich überstür-
zen wie die Unglücksbotschaften für Hiob: Da ein Bote
noch redete, kam schon wieder ein anderer mit neuer Un-
glücksbotschaft. Kaum fangen wir an, den einen Schlag in
seiner Schwere zu ermessen, da trifft uns schon ein neuer.
Aber wer Gott vertraut, meint unser Text, kann in der
Hoffnung auf die Hilfe Gottes und einen guten Ausgang
der Not nicht erschüttert werden: »Aus sechs Trübsalen
wird er dich erretten und in der siebenten wird dich kein
Übel rühren.« Du mußt kühn überall auf ein gutes Ende
hoffen, auf irgendeine dir noch unbekannte Wendung.
Und so wird hier denen, die in mancherlei Not stecken, in
so anpackender Weise Mut gemacht und Trost zugesprochen. Du weißt nicht, wie du mit deinem Geld auskommen
sollst? »In der Teuerung wird er dich vom Tode erlösen!«
Der Krieg droht dir dein Leben oder den Menschen, der
den Inhalt deines Lebens ausmacht, zu rauben? »Im Kriege
wird er dich erlösen von des Schwertes Hand.« Du bist

ungeschützt gegen üble Nachrede, machtlos gegen die Lügen, die sich um dich her zusammenballen, wenn es einmal zu einer Entladung dieser unerträglichen Spannung kommen wird? »Er wird dich verbergen vor der Geißel der Zunge, daß du dich nicht fürchtest vor dem Verderben, wenn es kommt.« Dich bangt um das tägliche Brot? »Im Verderben und Hunger wirst du lachen!« Du hast Angst vor den bösen Mächten, die zu allem andern Jammer in der Zeit der Not in besonderem Maße wach werden und wie wilde Tiere auf uns lauern, so daß unser Leben einer einsamen Wüstenwanderung gleicht? »Du wirst dich vor den wilden Tieren im Lande nicht fürchten, sondern dein Bund wird sein mit den Steinen auf dem Felde, und die wilden Tiere auf dem Felde werden Frieden mit dir halten.« Du bist bekümmert, daß dein glückliches Familienleben jetzt bedroht ist, daß, wo bisher die Sonne schien, jetzt dunkle Schatten heraufziehen, und weißt nicht mehr, wie du ein rechter Vater oder eine rechte Mutter der Deinen sein sollst? »Du wirst erfahren, daß deine Hütte Frieden hat und wirst deine Behausung versorgen und nichts vermissen.« Du sorgst dich um deine Kinder, ob du sie noch heranwachsen siehst, ob sie dir am Leben bleiben? »Du wirst erfahren, daß deines Samens wird viel werden und deine Nachkommen wie das Gras auf Erden.« Dir macht der Gedanke angst, aus einem unfertigen, nicht zur Reife und zur Frucht gebrachten Leben herausgerissen zu werden, aus der Jugend oder aus der Mitte der Jahre, ohne dein Leben und deine Berufung zum Ziel und zur Vollendung gebracht zu haben? »Du wirst im Alter zu Grabe kommen, wie Garben eingeführt werden zu seiner Zeit!« Ach, wer sich dieser kühnen Aussagen trösten könnte!

Hiob konnten diese Worte nicht trösten. Ihm machten sie nur Qual und Pein. Der Zuspruch seiner Freunde war so gut gemeint. Wir könnten uns an ihrer Haltung ein Vorbild nehmen. Als Hiob ins Unglück kam, all sein Hab und Gut verlor, als er nicht mehr der große, angesehene, einflußreiche Herr war, sondern ein mit ekelerregender Krankheit Geschlagener, ein Ausgestoßener und Verkümmernder war, da vergaßen sie ihn nicht etwa, wie das Menschen so gerne tun, sondern sie besuchten ihn. Nicht nur für einen Augenblick, um einer Anstandspflicht zu genügen. Sie hatten für ihn nicht nur ein paar Almosen oder ein paar billige Worte, sondern sie machten seine Not zu der ihren, seine Schmerzen zu ihrem Schmerz, wie es so eindrücklich geschildert wird: »Und da sie ihre Augen aufhoben von ferne, kannten sie ihn nicht und hoben auf ihre Stimme und weinten und ein jeglicher zerriß sein Kleid und sie sprengten Erde auf ihr Haupt gen Himmel und saßen mit ihm auf der Erde sieben Tage und sieben Nächte und redeten nichts mit ihm: denn sie sahen, daß der Schmerz sehr groß war.«[4] Sie wußten, es kann einem Betrübten ein besserer Trost sein, wenn man zunächst geduldig schweigend seine Betrübnis teilt, wenn man Achtung zeigt vor der Größe des Schmerzes, wenn einem die Worte nicht so schnell zum Munde herauskommen. Sie empfanden es als ein schweres, verantwortungsvolles Amt, Hiob zu trösten. Sie wußten: Mit Trösten allein ist es nicht getan. Wer trösten will, muß auch strafen können, wer den andern auf Gott vertrauen lehren will, muß ihn auch die Furcht Gottes lehren. Wer rechter Seelsorger sein will, darf selber den Ernst der Züchtigung Gottes nicht verwischen. Er muß an Wunden rühren, um zu verbinden; er muß weh tun, um zu heilen.

Und doch nennt Hiob diese wohlmeinenden ernsten Freunde »leidige Tröster«[5]. »Ihr seid alle unnütze Ärzte.«[6]

---

4 Hiob 2,12f.
5 Hiob 16,2.
6 Hiob 13,4.

In allem Schmerz spottet er noch über sie: »Ihr seid die rechten! Mit euch wird die Weisheit noch sterben.«[7] Sie mögen noch so nahe bei ihm in seinem Elend sitzen, sie sind ihm tatsächlich weltenfern. Ihre Worte können ihm nichts sagen. Es ist ihm nicht Gottes Wort.

Lag das an Hiob? Die Not kann ja das Herz so hart machen, daß Gottes Wort wie Wasser an uns abläuft, so daß es uns nichts mehr sagt. Oder sollte er wirklich recht gehabt haben: aus den schönen und tröstlichen Worten rede nicht Gottes Stimme? Und sollten wir also mit ihm betrogen sein, daß wir einem Wort der heiligen Schrift begegnet sind, das zwar sehr schön klingt, aber doch nicht einfach und direkt als Gottes Wort zu nehmen ist? Ist also ein Zuspruch an Mut und Trost, wie wir ihn vorhin aus diesem Text entnahmen, ein fadenscheiniger, nicht auf der Wahrheit Gottes beruhender Zuspruch?

Das ist ja offensichtlich: An der wirklichen Not werden diese Trostworte zuschanden. Wenn Gott den Frommen vor aller Not und in aller Not bewahrt, warum nicht Hiob? Das Wort: »Aus sechs Trübsalen wird er dich erretten und in der siebenten wird dich kein Übel rühren«, hat sich an Hiob nicht bewahrheitet. Gegen diese aus einer harmonischen, optimistischen Weltanschauung kommenden Verheißungen, als käme doch alles zu einem guten Ende, steht auf die ganze gen Himmel schreiende Not der Welt. Dagegen stehen auf, die unter Gottes Strafen zerbrechen, die zerschlagen sind, ohne seine heilenden Hände zu spüren. Dagegen stehen auf die Millionen Verhungerten, die Millionen über Millionen im Krieg Getöteten. Dagegen stehen auf, die vor Hunger schreien und die vor Schrecken und Angst stumm werden. Dagegen stehen auf, deren Häuser zerstört, deren Familien auseinandergerissen und

---

7 Hiob 12,2.

dezimiert sind. Dagegen stehen auf die Leichen von Kindern, die wahllos zerstörten Hoffnungen junger Menschen. Das ganze Elend der ganzen Welt schreit gen Himmel wie das Blut Abels und legt Protest ein gegen die Worte des Eliphas von Theman[8]: So leicht löst man die Frage
des Leidens auf Erden nicht, als sei das Leid für jeden die
Strafe für seine Sünde, als könne man mit Augen sehen,
daß den Gottlosen ihr Tun vergolten wird. So leicht predigt man uns nicht Vertrauen auf den gerechten Gott, weil
seine Gerechtigkeit nicht zu greifen und nicht zu begreifen
ist. Er schlägt und straft in gleicher Weise den Schuldigen
und den Unschuldigen, den Guten und Bösen, den Gerechten und Ungerechten. So leicht trennt man nicht Gott
vom Bösen in der Welt, so daß sich unsere Weltanschauung
harmonisch schließen könnte. Hiob hat etwas davon ge-
ahnt, daß der Gott, den wir nicht sehen und nicht hören,
den wir aus den schrecklichen Gerichten über uns von ferne ahnen, ein schrecklicher, furchtbarer Gott ist, der eins
ist mit dem Leid, das er schickt: »Denn die Pfeile des Allmächtigen stecken in mir; desselben Gift muß mein Geist
trinken, und die Schrecknisse Gottes sind auf mich gerichtet.«[9]
    Was ist denn eigentlich die Frage, die durch das ganze
Hiob-Buch hindurch wie ein mächtiger Felsblock gewälzt
wird, ohne daß das Rätsel zu einer einleuchtenden Lösung
kommt? Was ist das, was Hiob so aufwühlt, daß er sich
nicht weiter bei einem still sich ergebenden Gottvertrauen
beruhigen will, wie es ihm seine Freunde raten; daß er immer wieder bohren und forschen muß, daß er von Gott
nicht loskommt und doch auch nicht zu Gott hinkommt?
Ist es allein die Frage nach dem Sinn des Lebens, nach sei-

---

8 Hiob 4,1.
9 Hiob 6,4.

nem Warum, nach seinem Zweck, nach seinem Ziel? Ja,
darum geht es allerdings im Hiob-Buch. Aber die Wurzel
der ganzen Unruhe, die die Gedanken nicht zur Ruhe
kommen läßt, liegt tiefer. Die Wurzel des Fragens ist nicht
die Frage nach dem, was denn Gott eigentlich vom Menschen will, daß er ihn nicht losläßt, sondern die Wurzel des
Fragens ist vielmehr die Frage des Satans, was denn der
Mensch eigentlich von Gott will, daß er ihn nicht losläßt.
»Meinst du, daß Hiob umsonst Gott fürchtet?«[10] Gibt es
auch nur einen einzigen, der umsonst fromm ist? Mit dieser Frage greift der Satan Gottes Ehre an: Gibt es denn,
Gott, einen einzigen Menschen, der dich nicht ehrt um seines Vorteils willen, sondern um deinetwillen? Gibt es einen einzigen, dem man mit allen seinen irdischen Gütern
nicht seinen Glauben an Gott nehmen kann? Gibt es einen,
der dir so gehört, der dir so verfallen ist, daß du, Gott, ihn
verlassen kannst und er verläßt dich nicht? Um diese letzte,
schärfste Anfechtung des Satans zu zerschlagen, um dieser
Zweifelsfrage den Mund zu stopfen, ob denn nicht die ganze Frömmigkeit, ob nicht der ganze Christenglaube ein
frommer Betrug, Heuchelei und im Grunde schmutzigster
Egoismus sei, darum gibt Gott Hiob dem Satan preis, darum scheidet Gott zwischen seiner Güte und seinen Gütern, zwischen dem, daß er einem Menschen gut ist, und
dem, daß er es einem Menschen gut sein läßt. Er bleibt
Hiob gut und entzieht ihm doch alle seine Güter. Man muß
sich entscheiden, ob Gott recht behält gegen den Satan, ob
man Gott in der Welt ehrt um Gottes willen oder nur um
seiner selbst willen; ob, wer Gott liebt, wirklich Gott liebt
und nicht nur dessen Güter und Gaben.

Und Gott behält recht. Hiob kommt zwar an den Rand
der Gotteslästerung; aber auch im verzweifelten Ringen

---

10 Hiob 10,9.

um Gott folgt er nicht dem Rat seines törichten Weibes:
»Hältst du noch fest an deiner Frömmigkeit? Ja, sage Gott
ab und stirb!«[11] Aber wer kann Hiob in dieser unerträglichen Spannung die Lösung sagen, um die er ringt? Kein
Mensch. Das Reden seiner frommen Freunde wirkt für ihn
wie Spott. Ihre guten, frommen Gedanken sind doch
nichts anderes als Gedanken und Worte. Durch sie weiß
man von Gott nur vom Hörensagen. Aber was hilft es in
wirklicher Not, in der Verzweiflung der Gottverlassenheit,
Gott nur vom Hörensagen zu kennen? In der Anfechtung
hilft kein einfaches Gottvertrauen, als sei Gott selbstverständlich der liebe Vater, der bald alles wieder gut macht.
In der Anfechtung hilft nur der Glaube, der fest steht, trotz
aller und gegen alle Erfahrung, der Glaube, der Gottes
Güte glaubt, ohne daß es ihm gut geht, der Glaube, der
Gott ergreift und erfaßt, ohne seine Güter und Gaben zu
ergreifen und zu erfassen. Das wird Hiob geschenkt. Gott
gibt Hiob die Lösung seines Fragens nicht durch eine wunderbare Wendung in seinem Leben, sondern dadurch, daß
Gott ihm selbst erscheint, daß Gott selbst zu ihm redet und
nicht irgendein Mensch, daß Gott ihm nicht irgendein
dunkles »Es« ist, sondern ein lebendiges, gegenwärtiges
Ich. Darüber bricht Hiob zusammen: »Ich hatte von dir
mit den Ohren gehört; aber nun hat mein Auge dich gesehen.«[12] Das ist die Lösung der Hiob-Frage.

Und das ist auch die Lösung für unser Fragen nach Gott
aus Leid und Not heraus. Uns hilft kein Gottvertrauen auf
Grund vom Hörensagen über Gott. Uns hilft nur die Begegnung mit dem lebendigen Gott. Und das heißt: Uns
hilft nur Jesus Christus. Wer ohne Jesus Christus und an
ihm vorbei zu Gott kommen will, der kennt Gott nur vom

---

11 Hiob 2,9.
12 Hiob 42,5.

Hörensagen. Aber wer sich an Jesus Christus hält, der hat Gott von Angesicht zu Angesicht gesehen. In ihm sehen wir, daß Gott recht behält gegen den Satan. Denn in ihm sehen wir nicht nur Gottes Angesicht, sondern er ist auch der wahre, rechte, eigentliche Hiob, von dem der Hiob des Hiob-Buches nur ein schwacher Zeuge war; derjenige, der mitten in der Gottverlassenheit an Gott festgehalten hat, er, der umsonst Gott gedient hat. In ihm ist der Satan überwunden.

Denn wer an Christus glaubt, dem kann alle Not nicht verdunkeln, daß uns Gott gut ist, ganz umsonst, ohne unser Verdienst und Würdigkeit.

Wer an Christus glaubt, den kann alle Not nicht davon abbringen, an Gottes Güte Freude zu haben, ganz umsonst, ohne Entschädigung, ohne Vergeltung.

Wer an Christus glaubt, dessen Gottvertrauen ist ausschließlich ein Vertrauen auf den Gott, der sich in Christus kundgetan hat. Er fragt nicht in erster Linie nach Hunger, Krieg, teurer Zeit, Leben und Tod. Sondern er fragt in allem zu allererst nach Gott. Daß es ihm gut geht, ist ihm nicht ein Beweis, daß Gott ihm gut ist. Daß es ihm schlecht geht, widerlegt ihm nicht, daß Gott ihm dennoch gut ist.

Wer an Christus glaubt, der glaubt, daß uns Gottes Gerechtigkeit in dieser Welt vor den leiblichen Augen nicht mehr offenbar wird. »Hoffen wir allein in diesem Leben auf Christus, so sind wir die Elendesten unter allen Menschen.«[13]

Wer an Christus glaubt, der vertraut also nicht in erster Linie darauf, daß Gott ihn vor Teuerung, Hunger, Krieg und Verderben bewahrt und darin erhält, sondern er baut darauf, daß Gott in und trotz allem gut ist, einfach gut ist, auch wenn er ihn darin umkommen läßt.

---

13 1.Kor 15,19.

Allein wer so in Christus gegründet ist, kann nun auch die Worte des Eliphas recht verstehen, besser verstehen, als sie Eliphas verstand, verstehen als Gottes Wort. In Christus hat uns Gott bereits erlöst von Hunger, teurer Zeit, Krieg und Tod. In Christus dürfen wir auch bitten, daß er es leiblich uns so weit widerfahren läßt, als es dazu dient, daß wir in Christus bleiben. In Christus und allein um Christi willen schenkt er uns das tägliche Brot, die leibliche, wirkliche Gemeinschaft der Christen untereinander und schließlich den leiblichen, wirklichen neuen Himmel und die leibliche, wirkliche neue Erde.

Zuletzt, wenn der Satan nicht mehr sein wird, wird es geschehen, was hier um des Satans willen nicht allzeit und immer sein kann, daß Gott es denen, denen er gut ist, auch gut gehen läßt in alle Ewigkeit. Amen.

Aber Gott!

Predigt in Berlin-Hermsdorf am 1. Oktober 1939
(Erntedankfest)

27. 9. 1939 Kapitulation Warschaus. 28. 9.1939 deutsch-sowjet-russischer Grenz- und Freundschaftsvertrag.

Da redete Gott mit Noah und sprach:
Gehe aus dem Kasten, du und dein Weib, deine Söhne und deiner Söhne Weiber mit dir.

Allerlei Getier, das bei dir ist, von allerlei Fleisch, an Vögeln, an Vieh und an allerlei Gewürm, das auf Erden kriecht, das gehe heraus mit dir, daß sie sich regen auf Erden und fruchtbar seien und sich mehren auf Erden.

Also ging Noah heraus mit seinen Söhnen und mit seinem Weibe und seiner Söhne Weibern,

dazu allerlei Getier, allerlei Gewürm, allerlei Vögel und alles, was auf Erden kriecht; das ging aus dem Kasten, ein jegliches mit seinesgleichen.

Noah aber baute dem Herrn einen Altar und nahm von allerlei reinem Vieh und von allerlei reinem Geflügel und opferte Brandopfer auf dem Altar.

Und der Herr roch den lieblichen Geruch und sprach in seinem Herzen: Ich will hinfort nicht mehr die Erde verfluchen um der Menschen willen; denn das Dichten des menschlichen Herzens ist böse von Jugend auf. Und ich will hinfort nicht mehr schlagen alles, was da lebt, wie ich getan habe.

Solange die Erde steht, soll nicht aufhören Saat und Ernte, Frost und Hitze, Sommer und Winter, Tag und Nacht.

1. Mos 8,15–22[1]

»Wer Dank opfert«, heißt es in Gottes Wort, »der preiset mich. Und das ist der Weg, daß ich ihm zeige das Heil Gottes.«[2] Das ist der Weg, den wir uns am heutigen Tage wieder weisen lassen wollen. Wem das Heil Gottes verdunkelt ist durch das Unheil, das er heraufkommen oder gar schon allenthalben geschehen sieht, hat sich heute am Erntedankfest nur ein Sätzlein einzuhämmern: »Vergiß nicht, was er dir Gutes getan hat!«[3] Und ebenso: Wem das Heil Gottes verblaßt ist im Strahl des Heils, das Menschen uns versprechen oder gar wirken, der hat sich heute am Erntedankfest ebenfalls nur dies Sätzlein einzuhämmern: »Vergiß nicht, was er, Gott, die Gutes getan hat!« Wir können uns im Christentum nicht besser einüben als durch täglich sich vermehrenden Dank. Täglich ein Seufzer weniger und ein Dankgebet mehr, das heißt wachsen im christlichen Glauben und in der christlichen Zucht, vorankommen auf dem Weg, auf dem uns Gott sein Heil zeigt.

Ich denke, es ist ein Segen, daß wir heute ein Erntedankfest in schwerer Zeit feiern müssen. Uns allen ist wieder zu Bewußtsein gebracht, wie wenig selbstverständlich ist, was uns bisher am allerselbstverständlichsten war, wie sehr wir gerade für Dinge danken müssen, die wir bisher ganz ohne Überlegung hingenommen haben. Was für wunderbare

---

1 Freie Textwahl.
2 Ps 50,23.
3 Ps 103,2.

Gottesgaben sind doch ein Brot, ein Stück Butter, ein Ei, eine Tasse Milch, ein Zentner Kohlen, warme Kleidung usw. Wie müssen wir Gott dankbar sein, daß er uns von all dem immer noch etwas gibt. Wie dankbar werden wir darum sein für die jetzt eingebrachte Ernte. Wie dankbar auch für alles, was er uns in unsern Gärtlein beschert hat. Wie dankbar, daß wir immer noch durch unsere Arbeit uns Geld verdienen können, um uns etwas zu kaufen. Wie dankbar, daß wir noch immer ein Dach über unserm Haupt haben. Wie dankbar nun auch mitten im Krieg, daß uns Gott bisher noch sehr geschont hat. Dankbar auch für alles, was zur Aufrechterhaltung einer rechten Ordnung in unserm Volk geschieht. Wir wollen uns doch alle vornehmen, in unserem Abendgebet heute mit besonderer Ausführlichkeit uns auf den Dank zu besinnen, den gerade wir Gott schuldig sind. Und bei wem es zutreffen sollte, daß er sich des Tischgebets entwöhnt hat, der lasse das heutige Erntedankfest dazu einen neuen Anstoß geben. Wir alle wollen doch von der Möglichkeit Gebrauch zu machen lernen, durch ein rechtes Ausschöpfen des Schatzes der Kirche an Tischgebeten diesen täglichen Gottesdienst in unserm Haus zu vertiefen und fruchtbarer zu gestalten.

Zum Danken sind wir zusammengekommen. Doch ist damit nicht alles gesagt. Die Heiden kennen auch Erntedankfeste, sogar in besonderem Ausmaß. Denn sie wissen, was sie an der Fruchtbarkeit der Erde, an den Gütern dieser Welt haben. Darum sind ihre Götter zumeist Götter des Wachstums und der Fruchtbarkeit. Und ihre höchsten Feste im Jahr sind Naturfeste und Erntedankfeste.

Wenn wir als Christen Erntedankfest feiern, so feiern wir damit nicht ein Fest, an dem wir einmal das spezifisch Christliche vergessen dürfen und eins wären mit allen, die noch irgendein Abhängigkeitsgefühl dem Göttlichen gegenüber besitzen, die noch angesichts des Wunders der

Schöpfung Gottes einen Augenblick stillehalten und mit dem Selbstruhm schweigen können, um Gott die Ehre zu geben. Wenn wir als Christen Erntedankfest feiern, so ist es uns nicht gleich, wer der ist, dem wir danken, ob man ihn Baal nennt oder die Vorsehung, den Allmächtigen oder den Vater unsers Herrn Jesus Christus. Und ebenso ist es uns nicht gleich, wie man diesem Gott dankt. Denn jeder Gott wird eine andere Weise des Dankens verlangen. Darum ist es uns schließlich nicht gleich, was wir von dem Gott, dem wir heute Dank sagen, auch weiterhin erwarten dürfen. Denn jeder Gott macht den Menschen Verheißungen.

Wenn wir als Christen Erntedankfest feiern, dann gibt nicht das Wort »Erntedankfest« den Text ab, über den zu predigen ist. Dann genügt es nicht, unsern Gefühlen und Stimmungen Ausdruck zu geben. Sondern am Erntedankfest sollen wir ebenso wie Weihnachten, Ostern und Pfingsten das Evangelium, die frohe Botschaft Gottes hören. Die frohe Botschaft am Erntedankfest ist nun aber nicht einfach die frohe Botschaft von der guten Ernte. Ebenso wie die frohe Botschaft, die die Kirche zu verkünden hat nach einem Sieg der Waffen unseres Volkes, nicht die Botschaft von diesem Sieg ist. Die einzige frohe Botschaft, von der die Kirche weiß, die sie allein zu verkünden und zu glauben hat, auch wenn ein Engel vom Himmel etwas anderes als frohe Botschaft ausgäbe, ist die frohe Botschaft von Jesus Christus. Und diese frohe Botschaft steht nun nicht in einer glatten, direkten Beziehung zu dem, was uns natürlicherweise wohltut und froh und dankbar macht, daß wir sagen könnten: Das ist die frohe Botschaft, daß uns Gott die Ernte, daß uns Gott den Sieg gegeben hat. Wir haben keine direkte Erkenntnis Gottes aus der Ernte, aus dem Sieg, und keine direkte Beziehung zu Gott durch die Ernte und durch den Sieg. Die frohe Botschaft, die die Kirche zu verkünden hat, ist die frohe Botschaft, die sich selbst gleich bleibt bei guter und schlechter Ernte, bei Sieg und Niederlage im Bereich einer nationalsozialistischen, liberalistischen oder bolschewistischen Weltanschauung. Darin erweist sich die Reinheit der Verkündigung der Kirche, daß sie ihre Verkündigung nicht mit der Revision der öffentlichen Meinung ebenfalls zu revidieren hat. Wenn die Verkündigung der Kirche ihre Offenbarung schöpft aus dem, was wir in dieser Welt und ihrer Geschichte erleben, und ihr Urteil sich bildet nach Menschenverstand und -neigung, dann wird sie bald das dumme Salz, das mit vielem anderen vergangenen dummen Zeug von den Leuten zertreten wird. Wenn aber die Kirche die Botschaft von Jesus Christus rein bewahrt, dann ist diese Botschaft der einzige ruhende Pol in der Erscheinungen Flucht.

Das Verhältnis des Evangeliums von Jesus Christus zu dem Anlaß des Erntedankfestes ist darum ein uns überraschendes und uns vielleicht zunächst befremdendes. Es drückt sich aus in dem einen Wörtlein »aber«. Der reiche Kornbauer hatte ohne Zweifel ein fröhliches, vielleicht sogar religiös gestimmtes Erntedankfest gefeiert. Gottes Wort paßte aber in diese Erntedankfestfreude nicht anders hinein als mit dem »aber«: »Aber Gott sprach zu ihm: Du Narr, heute Nacht wird man deine Seele von dir fordern, und wes wird sein, was du bereitet hast?«[4] Das war nicht etwa das »aber« eines überraschenden tragischen Schicksals, sondern das war das »aber« der frohen Botschaft Gottes, sofern man Gott Glauben schenkte, daß er es eben damit gut meinte, daß sein Reich ein herrlicheres ist als das der Welt, daß er zu unserm Besten uns trennt von dem, was wir besitzen. Dieses unerbittliche »aber Gott« gilt es am Erntedankfest zu verkünden; das »aber Gott«, was die

---

4 Lk 12,20.

Predigt für den Prediger ebenso mühsam wie für die Hörer
anstößig macht, wie ein aufreizendes Plakat mit der In-
schrift: »Aber Gott!« Vom Evangelium gilt auch am Erntedankfest, daß Gottes Gedanken nicht unsere Gedanken
und unsere Wege nicht Gottes Wege sind[5], ja, Gott sei
Dank, nicht Gottes Wege sind, daß aus unserm Leben und
aus der ganzen Weltgeschichte etwas anderes heraus-
kommt, als was menschlicher Berechnung, ja als was auch
nur menschlichen Wünschen nach dabei herauskommen
müßte. Darum ist dies die grundlegende Einsicht, mit der
wir uns Christen nicht vertraut genug machen können:
Gottes Wesen erfahren und erkennen wir nicht aus unserer
Ernte, nicht aus unseren Siegen, überhaupt nicht aus seinen
Gaben; sondern aus Gottes Wesen, das uns allein in Jesus
Christus offenbar ist, erkennen wir, was Gott damit will,
daß er uns die Ernte schenkt oder versagt, den Sieg schenkt
oder versagt. Wer an *der* Logik klebt, daß er sagt: Wir haben eine reiche Ernte gehabt, also ist Gott sichtbar mit uns,
wir haben gesiegt, also ist Gott sichtbar mit uns, über dem
steht als Botschaft von Gott her das: »Aber Gott spricht:
Du Narr! Ich bin weder ein Brotgott noch ein Kriegsgott.
Ich offenbare mich nicht in eurer Ernte und nicht in euren
Siegen, sondern allein im Kreuz Jesu Christi. Da bin ich
mit dir. Und nur sofern ich da mit dir bin, bin ich auch mit
dir in deiner Ernte und in deinen Siegen.«

Darum laßt uns aus unserm Text uns sagen, welchem
Gott wir danken sollen, wie wir ihm danken sollen und
wessen wir uns von diesem Gott zu versehen haben. Die
Antwort ist: Wir danken dem dreieinigen Gott, Vater,
Sohn und heiligem Geist, dem Vater Jesu Christi. Wir danken ihm allein recht in Jesus Christus. Wir haben von ihm
zu erwarten, daß er uns erhält auf den Tag Jesu Christi.

---

5 Jes 55,8.

Der Christ kann nicht dem Schöpfer als dem Geber aller guten Gaben danken, ohne dabei zu wissen, daß der Schöpfer der Richter ist; daß der, der so unterschiedslos seine Gaben ausschüttet über die Bösen und über die Guten, sie wohl kennt und sieht, die Guten und die Bösen. Der Christ kann dem Schöpfer für die Ernte nicht danken, ohne daran zu denken, daß diese unsere Ernte nur eine Saat Gottes ist für seine Ernte, die er einst bei uns veranstalten wird. Wenn wir darum heute uns unsere Hände füllen lassen mit Gottes Gaben, dann wollen wir wohl daran denken, daß Gott nicht nur möglicherweise sie uns auch versagen könnte, sondern daß er sie tatsächlich vielen, vielen versagt hat und auch uns, wenn es nach Recht und Gerechtigkeit ginge, versagen müßte. Das rechte Danken für Gottes gute Schöpfung muß herkommen von dem Erschrekken über den Zorn Gottes, den Gott offenbart hat über alle Welt. Gott danken können wir nur als die rätselhafterweise wie Noah aus der allgemeinen Sintflut Erretteten. Fröhlich sein im Danken können wir nur im gleichzeitigen Schauder vor all dem Elend, Jammer und Not, das über der Welt liegt, so wie doch Noah die Haare hätten zu Berge stehen müssen vor Grauen darüber, daß er allein mit den Seinen oben auf dem Berge Ararat – zu Füßen eine vernichtete Welt! – Gott noch loben und danken konnte.

Dann wissen wir – und das ist das eigentliche Wunder, die eigentliche frohe Botschaft: Gott ist als der Richter unser Erlöser. Anders bei den heidnischen Sintflutsagen. Der Gott, der mich richten muß, der hat Geduld mit mir. Nicht nur das, er rettet mich heraus, er erwählt den Sünder. Er erwählt dich und mich durch die Taufe, die, wie der erste Petrusbrief sagt, durch das Wasser der Sintflut vorbedeutet war[6].

---

6 1.Petr 3,20f.

Und schließlich: Gott ist als der Erlöser nun nicht ein Gott, der uns ins Jenseits entrückt, sondern als der Erlöser ist er unser Schöpfer. Darum sagt Johannes: daß Gott durch Jesus Christus die Welt geschaffen hat[7]. Darum beten wir: Komm, Herr Jesu, sei unser Gast! Gott handelt mit uns nicht anders als durch Jesus Christus. Durch ihn und um seinetwillen allein empfangen wir auch das tägliche Brot.

Ist der Gott, dem wir danken, der Vater Jesu Christi, wie können wir ihm danken? Wie sollen wir Unreinen danken dem Reinen? Wie soll unser Mund den loben, den die Engel nicht genug loben können? Was sollen wir tun, um ihn zu ehren?

Von Noah heißt es, daß er opferte. Nicht daß wir Gott etwas abgeben könnten. Gott will nur, daß wir eines täglich geben und aufopfern: unsere Sünde. Aber sie soll wirklich geopfert werden, wenn wir danken. Wir können nicht Gott danken, ohne unserer Sünde zu gedenken und zu bitten, daß unsere Sünde aus dem Wege geräumt wird.

Dieses Opfer kostete unser Leib und Leben. Darum das stellvertretende Tieropfer. Wir haben jedoch ein viel besseres Opfer: Jesus Christus, der – als Gekreuzigter – ein Fluch ward für uns[8]. Er vermittelt unsern Dank. In ihm kommt unser Dank und unser Gebet zum Vater. In ihm haben wir Zugang zum Vater, weil in ihm unsere Sünde vergeben ist.

Durch ihn können wir dann auch Gott mit unsern Zungen loben und mit unsern Werken preisen. So können wir vereinen: Gott danken und ihm Opfer darbringen, indem wir Christus dienen und uns ihm opfern. Darum ist wirklich das Opfer für die Verkündigung seines Wortes das uns

---

7 Joh 1,3.
8 Gal 3,13.

angemessene Opfer an diesem Tag, das wir aus unserer Ernte nehmen zum Dienst an seiner Ernte.

Und nun: Wessen haben wir uns diesem Gott, dem Vater Jesu Christi gegenüber zu versehen? Was haben wir von ihm zu erwarten?

Solange die Erde steht, wird sich Gott zurückhalten. Er wird schweigen. Denn was könnte er sonst tun als die Welt verfluchen und mit seinem Fluch die Welt vernichten. Der Fluch wäre die einzige vernehmbare Sprache Gottes, die wir aus der Schöpfung und Kreatur entnehmen könnten. Gott gibt es auf, die Welt besser zu machen durch seine Strafen oder auch durch seine Langmut. Er weiß, daß am Menschen auf menschliche Weise nichts zu ändern ist. Er will die Welt ändern allein durch Jesus Christus.

Darum mag er noch so hart schweigen und sich zurückhalten. Gott zieht sich nicht zurück von der Welt. Er, der verborgene Gott, erhält selbst die festen Ordnungen. Die Welt mag noch so schwanken und treiben, sie kann nicht aus den Fugen geraten. »Solange die Erde steht, soll nicht aufhören Saat und Ernte, Frost und Hitze, Sommer und Winter, Tag und Nacht.« Gott hält die Welt mit eisernen Klammern zusammen.

Aber zu welchem Ziel? Die Erhaltung der Welt durch Gott ist nicht an sich eine frohe Botschaft. Wie kurzsichtig ist unsere Freude über alles, was unser Leben erhält und verlängert. Die entscheidende Frage ist doch vor allem: zu welchem Ende? Und da ist das Entscheidende, daß wir wissen: Die Erhaltung der Welt durch Gott ist nur etwas Vorläufiges; seine Geduld und seine Zurückhaltung haben ein Ende. Er wird kommen und einen neuen Himmel und eine neue Erde schaffen. Da wird nicht nur Gott Ernte halten, auch wir werden da unsere Ernte halten: »Die mit Tränen säen, werden mit Freuden ernten.« Jetzt gehen wir hin mit Weinen und tragen edlen Samen. Dann werden wir kommen mit Freuden und unsere Garben bringen[9]. Darum »laßt uns Gutes tun und nicht müde werden; denn zu seiner Zeit werden wir auch ernten ohne Aufhören«.[10] Amen.

---

9   Ps 126,5f.
10 Gal 6,9.

Die frohe Botschaft vom Frieden

Predigt in Berlin-Hermsdorf am 29. Oktober 1939
(21. So. nach Trin.)

Am 6. Oktober 1939 hielt Hitler vor dem Reichstag eine Rede, die auf der Basis der deutschen Erfolge ein Friedensangebot an England richtete, gab aber drei Tage später die erste Weisung zur Vorbereitung des Feldzuges im Westen. Die britische Regierung lehnte es in einer Unterhausrede Chamberlains vom 12. Oktober ab, mit Hitler Frieden zu schließen.

Zuletzt, meine Brüder, seid stark in dem Herrn und in der Macht seiner Stärke.

Ziehet an den Harnisch Gottes, daß ihr bestehen könnet gegen die listigen Anläufe des Teufels.

Denn wir haben nicht mit Fleisch und Blut zu kämpfen, sondern mit Fürsten und Gewaltigen, nämlich mit den Herren der Welt, die in der Finsternis dieser Welt herrschen, mit den bösen Geistern unter dem Himmel.

Um deswillen ergreifet den Harnisch Gottes, auf daß ihr an dem bösen Tage Widerstand tun und alles wohl ausrichten und das Feld behalten möget.

So stehet nun, umgürtet an euren Lenden mit Wahrheit und angezogen mit dem Panzer der Gerechtigkeit

und an den Beinen gestiefelt, als fertig, zu treiben das Evangelium des Friedens.

Vor allen Dingen aber ergreifet den Schild des Glaubens,

*mit welchem ihr auslöschen könnt alle feurigen Pfeile des
Bösewichtes;*
   *und nehmet den Helm des Heils und das Schwert des
Geistes, welches ist das Wort Gottes.*

Eph 6,10–17[1]

Mitten in diesem Aufruf zum Kampf steht einsam und
fremd das Wort vom »Evangelium des Friedens«. Was gilt
denn von beidem? Muß ein Christ im Kampfe sein Tag und
Nacht, wie kann er dann trotzdem ein Bote des Friedens
sein? Oder ist die Botschaft der Kirche wirklich Botschaft
des Friedens, warum ist dann nicht nur in ihrer Predigt,
sondern in der heiligen Schrift selbst so viel vom Kampf
die Rede?

   Nicht nur innerhalb dieses Textes erregt das Wort vom
»Evangelium des Friedens« unser Verwundern. Auch in
unserer vom Kriegslärm erfüllten Zeit steht das Wort vom
»Evangelium des Friedens« einsam und fremd da. Wir
strecken unsere Ohren zwar gierig aus nach Friedensge-
rüchten. Aber wir sind gegen sie vielleicht je länger desto
mißtrauischer. Sie erweisen sich gegenüber der harten
Sprache der Tatsachen als bloße Gerüchte. Können wir im
Ernst einem Evangelium des Friedens Bedeutung zumes-
sen und Glauben schenken?

   Dieser doppelte Anstoß: wie denn das Evangelium des
Friedens stimmen soll zu diesem unserm kämpferischen
Text und zu dieser unserer kriegerischen Zeit, sagt uns etwas: Hier ist von einem andern Frieden die Rede, als wir
ihn erträumen, und von einem andern Kampf, als wir ihn
führen. »Evangelium des Friedens« heißt, wir haben eine
frohe Botschaft weiterzusagen: Ihr lieben Leute, freut
euch, es ist Friede! Und diese herrliche Meldung ist auch in

---

1 Die alte Epistel des 21. So. nach Trin.

Zeiten des Krieges weiterzugeben und verliert nicht ihre
Gültigkeit. Der Friede, der hier verkündigt wird, wird
nicht davon erschüttert, ob auch die ganze Welt in Krieg
geriete. Und weiter: Hier ist von einem andern Kampf die
Rede, als wir ihn führen. Diesen Kampf gilt es zu führen
auch in Friedenszeiten. Und in Kriegszeiten gilt es ihn
nicht weniger zu führen, obwohl seine Front quer verläuft
zu allen menschlichen Fronten. Dieser Kampf deckt sich
nie und nimmer mit dem Kampf, den Menschen aus
menschlichen Gründen führen. Darum ist dieser Text von
der christlichen Ritterschaft heute ein gefährlicher Text. Er
ist keineswegs zeitgemäß, weil er auch von Waffen und
vom Kämpfen redet, sondern er ist durchaus unzeitgemäß,
weil er von ganz anderen Waffen und von ganz anderen
Kämpfen redet als denen, die uns heute in Bann ziehen.
Nämlich nicht von Waffen und von Kämpfen, die vom
Kriege zeugen, sondern von Waffen und Kämpfen, die von
diesem Evangelium des Friedens zeugen. Soll dieser Text
uns als Gottes Wort treffen, so wird er uns nicht das Gesetz
des Krieges predigen, sondern das Evangelium des Friedens. Und wir werden sehen, daß wir um dieses unzeitge-
mäßen Themas, um des Evangeliums des Friedens willen,
allerdings im Kampf sein müssen Tag und Nacht.

Ein Evangelium des Friedens ist Gottes Evangelium.
Ach, möchte doch diese frohe Botschaft gerade heute recht
gepredigt und recht gehört werden! Möchten es doch hören all die bekümmerten, besorgten, verängstigten, verzweifelten Menschen. Möchten es doch hören alle, die um
ihre Söhne, Männer und Väter bangen, all die Mütter,
Frauen und Kinder in der ganzen Welt. Möchten es doch
hören die Männer unter den Waffen, die Verwundeten, die
Sterbenden. Möchten es doch hören, die Haus und Hof
verlassen müssen, die Vertriebenen und Verfolgten. Möchten es doch hören alle, die in Gefängnissen und Konzentra-

tionslagern sitzen. Möchten es alle hören, die keinen Frieden haben, die um ihr ewiges Seelenheil in Angst sind, und vor allem auch die, die nicht um ihr ewiges Seelenheil in Angst sind. Möchten sie doch alle hören die frohe Botschaft Gottes: Ich habe mit euch Frieden gemacht durch Christus. Ich will nicht, daß ihr sterbt, sondern ich will, daß ihr euch bekehrt und lebt. Ich bin nicht euer Feind, sondern euer Vater. Ich streiche eure Schuld um Christi willen. Hört diese Botschaft! Ihr braucht nun auch nicht mehr im Krieg zu liegen mit mir. Ihr braucht nicht mehr vor mir zu fliehen. Ihr dürft nun auch Frieden haben mit mir. So habt ihr einen unerschütterlichen Grund unter den Füßen, wenn auch alles um euch her wankt. Hört diese Freudenbotschaft! Ihr habt durch sie nicht nur Frieden mit mir, sondern Frieden mit allen Menschen, könnt opfern, könnt lieben, sogar eure Feinde. Und werdet eher, als ihr glaubt, erfahren, daß ich euch auch leiblich Frieden schaffe, wenn ich komme, um allem Kampf und Streit ein Ende zu setzen und eure Waffen zu zerbrechen, so daß dann kein Leid mehr sein wird und kein Geschrei und Schmerz mehr sein wird[2].

Diese Botschaft vom Frieden verdient Glauben. Denn sie ist nicht eine schöne Idee, die an den Tatsachen vorbei redet. Sie beruht vielmehr auf hartem Kampf, auf einem heiß errungenen Sieg. Gott hat »gesiegt mit seiner Rechten und mit seinem heiligen Arm«.[3] Durch Christi Kreuzestod und Auferstehung ist das Reich des Satans zerstört. Die Entscheidung ist gefallen. Ach, möchten wir doch alle diese frohe Botschaft vom tatsächlich schon errungenen Sieg hören, die wir so kleingläubig sind, daß wir uns des Evangeliums schämen, statt es frei und mit Macht zu bekennen,

---

2 Offb 21,4.
3 Ps 98,1.

wir, die wir zweifeln daran, ob denn wirklich »unser Glaube der Sieg ist, der die Welt überwunden hat«[4], ob denn wirklich Gottes Wort bleibt, auch wenn das Abendland versinkt. Wir wollen die frohe Botschaft hören von diesem Perfectum: Christus *hat* gesagt, Gottes *ist* das Reich und die Kraft und die Herrlichkeit in Ewigkeit. Wir brauchen uns darum nicht anfechten zu lassen von unserer eigenen Schwäche, von der Gestalt unserer Gemeinde, als sei es eine sterbende Gemeinde, von der Macht derer, die die Kirche hassen. Auf unsere Stärke kommt es ja nicht an; wenn nur der Herr stark ist, dann sind wir durch ihn stark, wenn nur der Herr gerüstet ist, dann dürfen wir getrost in seinen Panzer kriechen und uns seine Waffen leihen. Wenn wir das glauben, daß Gott eine feste Burg ist, eine gute Wehr und Waffen, dann sind wir stark in dem Herrn und in der Macht seiner Stärke; dann sind wir in uns gleichwohl schwach, aber dann kann gerade seine Kraft mächtig sein in uns Schwachen; und so sind wir stark, gerade wenn wir schwach sind[5]. Ist das nicht eine frohe Botschaft, daß wir die Stärke Christi, daß wir die Stärke Gottes anziehen dürfen? Sollte man uns das zweimal sagen müssen, noch dazu befehlen müssen, daß wir es an uns geschehen lassen? Ja, wir sind so schwachgläubig, daß man uns zur Annahme des Evangeliums immer wieder ermuntern, immer wieder drängen muß: In dem Herrn seid ihr stark – so seid doch stark in dem Herrn und in der Macht seiner Stärke!

Von Freude voll sollten wir sein über diese frohe Botschaft vom Siege und darum vom Frieden. Nur dann begreifen wir, warum der Gott, dessen der Sieg bereits *ist* und der uns den Frieden verkündigt, uns doch in den Kampf ruft. Nur dann sehen wir, welches die Front, welches das

---

4 1.Joh 5,4.
5 2.Kor 12,9.

Ziel und welches die Waffen dieses Kampfes sind. Nur dann sehen wir, daß dieser Kampf keine untragbare Last ist, sondern daß auch dies eine frohe Botschaft ist, die uns in den Kampf ruft.

Wo verläuft die Front des Kampfes, der uns Christen verordnet ist? Wo steht der Feind? Wir haben nicht mit Fleisch und Blut zu kämpfen. Das wäre eine Unterschätzung des Gegners und eine Verharmlosung des Kampfes, wollten wir gegen Menschen streiten. Der wirkliche Gegner der Kirche und der Botschaft Gottes, die die Kirche zu verkünden hat, ist ja gar nicht unter denen zu suchen, die mit groben oder feinen, mit geistigen oder politischen Mitteln die Kirche zu vernichten suchen, von denen her das Gift des Hasses und propagandistischer Schlagwörter die Seelen Unzähliger verpesten. Wir haben keine Hoffnungen in deren Ende zu setzen, ebensowenig wie wir zugunsten des Wortes Gottes auf Menschen zu bauen haben. Wir haben vielmehr zu lernen, seelsorgerlich zu solchen Feinden des Evangeliums zu reden, frei von aller kämpferischen Gereiztheit, im Erbarmen mit diesen armen Menschen, die unfrei, verführt, besessen sind von einem andern, der allein in Wahrheit *der* Feind ist. Der unser Feind ist, auch wenn uns das eigene Fleisch und Blut Anlaß zur Sünde wird. Auch hier gilt: Wir haben nicht mit Fleisch und Blut zu kämpfen. So einfach ist der Kampf des Christen nicht, daß er nur sich selbst zu bekämpfen hätte. Auch wir sind immer wieder angefochten und in Gefahr, besessen zu werden von einem andern Geist, der mächtiger ist als wir. Ihm gilt es unser Fleisch und Blut zu entreißen, und so unsern eigenen Leib und so unsern Nächsten. Wir dürfen nicht das, was von einem in Besitz genommen ist, verwechseln mit dem, der es in Besitz genommen hat. Wir dürfen nicht den Raub verwechseln mit dem Räuber.

So haben wir nicht mit Fleisch und Blut zu kämpfen,

sondern mit dem Teufel und seinen Engeln, mit Fürsten und Gewaltigen, nämlich mit den Herren der Welt, die in der Finsternis dieser Welt herrschen, mit den bösen Geistern unter dem Himmel. Haben wir nicht schon etwas davon erfahren aus dem Ringen des einzelnen Christen und aus dem Bekenntnis zu dem Worte Gottes im öffentlichen Leben, daß die Mächte, mit denen wir es zu tun haben, unheimlich, übermenschlich sind, Mächte, denen es sich gar nicht verlohnte, gegen uns aufzustehen, wenn es ihnen nicht um mehr ginge als allein um uns, wenn wir nicht für sie Zielscheiben wären, um gegen Christus anzustürmen? Weil unser Herr kein bloßer Mensch, sondern Gott selber ist, darum ist auch unser Feind kein Mensch, sondern die Macht der Finsternis. Was ist das für ein Kampf! Wahrhaftig nicht unser Kampf. Denn wie sollten wir bestehen gegen diese große Macht und viele List, wie sollten wir den Feind auch nur erkennen in der Finsternis dieser Welt? Wäre nicht Christus der Herr im Streit und bereits der Sieger im Streit gegen den Feind, der nun weiß, daß seine Zeit bemessen ist, so stünden wir gar nicht im Kampf, sondern wären wir alle des Satans Trabanten. Nun aber hat Christus sich eine Front aufgebaut, die alle menschlichen Kampflinien durchzieht und durchkreuzt. Jetzt steht unser Volk im Kampf gegen England und das englische Volk im Kampf gegen Deutschland. Aber die Front Christi ist in beiden Völkern eine andere als die Front gegen den politischen Feind: Es ist die Front gegen die Macht des Satans, die bei uns nicht geringer ist als drüben. Das ist der eigentliche Kampf, den wir zu bestehen haben. Was hilft unsern Soldaten draußen das tapferste Kämpfen gegen den Feind, wenn sie gegenüber den listigen Anläufen des Teufels eine Niederlage nach der andern erleiden? Was hilft uns hier in der Heimat das geduldigste Ausharren in Arbeit und Hilfeleistung, wenn die bösen Geister uns überfallen und wir die

Front Christi verlassen? Laßt uns wachsam sein, daß wir den eigentlichen Gegner erkennen und uns hüten, in den Kämpfen, die uns um unseres Volkes willen, und den Kämpfen, die uns um unserer Kirche willen aufgetragen sind, statt auf der Seite Christi auf der Seite des Teufels zu stehen.

Denn das ist das Ziel des Kampfes: die Front Christi an der Stelle, wo wir stehen, zu halten. Bestehen und Widerstehen, das ist alles. Denn der Sieg ist ja erkämpft. Es gilt ihn nur zu behalten. Darum ist es nicht unsere Aufgabe, die Welt für Christus zu erobern. Das tut das Wort. Es ist erst recht nicht unsere Aufgabe, den Satan niederzuringen. Das hat Christus getan. Wir haben nur da stehen zu bleiben, wo wir durch Gottes Gnade hingestellt sind: in der Gemeinschaft der Getauften, die als Gemeinschaft der begnadigten Sünder eine Gemeinschaft der Heiligen ist. Also stehen bleiben beim Hören des Wortes, stehen bleiben beim Bekenntnis der Väter, stehen bleiben bei der rechten Lehre, stehen bleiben beim Gebet. Jeder vermeintliche Fortschritt wäre Rückschritt. Denn der eigentliche Kampf, der auf uns wartet, der hinter allen Kämpfen der Gegenwart schon heimlich steht, ist ja allein der, das zu bleiben, was wir geworden sind in der Taufe, und zwar das zu bleiben an dem bösen Tage, wenn der Teufel mit letzter Macht uns anficht; da nicht zu wanken und zu weichen, sondern an Christi Sieg zu glauben mitten im Kampf der bösen Mächte. Denn das wissen wir auch: Der Kampf ist noch nicht auf dem Höhepunkt. Je näher der Tag Christi kommt, desto offenbarer wird der Teufel, desto näher kommt auch der böse Tag.

Darum haben wir noch Zeit, uns zu rüsten mit den rechten Waffen dieses Kampfes. Aber es ist auch höchste Zeit, uns zu rüsten und, wenn wir uns gerüstet meinen, diese Waffen zu prüfen.

Den Harnisch Gottes wollen wir ergreifen und anziehen. Nicht menschliche Waffen. Nicht auch bloß die uns eigene seelische Angriffsfreudigkeit und Widerstandskraft, sondern Kraft aus der Höhe, Waffen des heiligen Geistes, Waffen, die dieser Welt unbekannt sind, welche darum nichts gegen sie vermag, die sollen wir ergreifen.

Wir werden den Kampf nicht führen können mit Anwendung irgendeiner List, irgendeiner Lüge, sondern nur wenn wir ganz klar im Licht der Wahrheit Gottes stehen und von ihr ganz durchleuchtet und erhellt sind. Darum gürtet eure Lenden mit Wahrheit!

Uns wird im Kampf nicht helfen, daß wir menschlich gesehen tausendfach im Recht sind, vielmehr daß wir uns unverwundbar machen, daß wir uns auf Gottes Gerechtigkeit verlassen und sie anziehen als einen Panzer der Gerechtigkeit.

Wir müssen bereit sein zum Botendienst für Christus. Wer wird denn müde, wenn er Träger einer erlösenden, rettenden Botschaft ist? Darum sollen wir an den Beinen gestiefelt sein als fertig, zu treiben das Evangelium des Friedens.

Der Satan wird uns unter schärfstes Feuer nehmen. Er wird uns ein böses Gewissen, ein feiges Herz, einen zweifelnden Verstand geben. Darum helfen uns zur Abwehr kein Selbstruhm, kein Sichbrüsten und kein Sichverkriechen, keine Apologetik und keine vernünftigen Beweise, sondern es hilft allein der Glaube. Den sollen wir dem Satan hinhalten, wenn er anstürmt, und uns ganz dahinterstellen. Er allein kann uns decken. Darum ergreift vor allen Dingen den Schild des Glaubens, mit welchem ihr auslöschen könnt alle feurigen Pfeile des Bösewichts.

Man wird uns ein baldiges Ende prophezeien und die Aussichtslosigkeit unseres Kampfes vor Augen stellen. Man wird die Diener des Satans schon hier krönen mit allen Ehren und Siegeskronen. Aber gerade dann erhebt eure Häupter, weil ihr wißt, daß euer das Heil ist. Nehmt den Helm des Heils!

Und das Schwert des Geistes, welches ist das Wort Gottes. Habt dieses scharfe zweischneidige Schwert allezeit bei der Hand. Kämpft nicht mit einer scharfen Zunge. Aber kämpft mit der nie stumpf werdenden Schärfe des Wortes Gottes, mit dem Wort allein gegen die listigen Anläufe des Satans in uns und um uns.

Dann dürfen wir uns mitten im Kampf, mitten in der Anfechtung der Botschaft getrösten: »Der Gott des Friedens wird den Satan unter eure Füße zertreten in kurzem.«[6] Amen.

---

6 Rm 16,20.

Der Freudenschrei um Mitternacht

Predigt in Berlin-Hermsdorf am 26. November 1939
(Totensonntag und Bußtag)[1]

Während sich Deutschland in den im Osten neu gewonnenen Gebieten einrichtete (Eingliederung des Warthelands in das Reich, Unterstellung des übrigen Polens als Generalgouvernement unter deutsche Herrschaft), wurden die Voraussetzungen für die Weiterführung des Krieges, nun gegen den Westen, geschaffen. Hinter dem Westwall und der Maginot-Linie standen sich im Winter 1939/40 das französische und das deutsche Heer unbeweglich gegenüber.

Dann wird das Himmelreich gleich sein zehn Jungfrauen, die ihre Lampen nahmen und gingen aus, dem Bräutigam entgegen.

Aber fünf unter ihnen waren töricht, und fünf waren klug.

Die törichten nahmen ihre Lampen; aber sie nahmen nicht Öl mit sich.

Die klugen aber nahmen Öl in ihren Gefäßen samt ihren Lampen.

Da nun der Bräutigam verzog, wurden sie alle schläfrig und schliefen ein.

---

1 Der 25. So. nach Trin. war 1939 als letzter Sonntag des Kirchenjahrs Totensonntag. Mit ihm wurde der kurzfristig als öffentlicher Feiertag abgeschaffte Bußtag zusammengelegt. S. auch u. S. 114 Anm. 1.

Zur Mitternacht aber ward ein Geschrei: Siehe, der Bräutigam kommt; gehet aus, ihm entgegen!

Da standen diese Jungfrauen alle auf und schmückten ihre Lampen.

Die törichten aber sprachen zu den klugen: Gebt uns von eurem Öl, denn unsre Lampen verlöschen.

Da antworteten die klugen und sprachen: Nicht also, auf daß nicht uns und euch gebreche; gehet aber hin zu den Krämern und kaufet für euch selbst.

Und da sie hingingen zu kaufen, kam der Bräutigam; und die bereit waren gingen mit ihm hinein zur Hochzeit, und die Tür ward verschlossen.

Zuletzt kamen auch die andern Jungfrauen und sprachen: Herr, Herr, tu uns auf!

Er antwortete aber und sprach: Wahrlich ich sage euch: Ich kenne euch nicht.

Darum wachet; denn ihr wisset weder Tag noch Stunde, in welcher des Menschen Sohn kommen wird.

Mt 25,1–13[2]

Das Portal des Straßburger Münsters ist umrahmt von den Gestalten der fünf klugen und fünf törichten Jungfrauen. Wer zur Kirchentür eintritt, muß an diesem Bildwerk vorbei und sich von ihm fragen lassen: Wem gleichst du, den Klugen oder den Törichten? Wer zur Kirche kommt, den soll das Bild der klugen Jungfrauen grüßen und trösten: Schilt man dich einen Dummen, daß du noch zur Kirche gehst, so laß dir sagen: Du handelst in Wahrheit klüger als alle andern. Aber zugleich mahnt und warnt das Bild der fünf törichten Jungfrauen: Glaube nicht, daß du darum schon klug seiest, daß dir darum schon geholfen sei, daß du

---

2 Das alte Evangelium des 27. So. nach Trin.

zur Kirche kommst. Du kannst über deinem Kirchengang doch ganz, ganz töricht sein.

Auch an unserer Kirchentür sollten die Bilder der klugen und törichten Jungfrauen stehen uns zum Zeichen, wer wir sind: ein Haufen, in dem die Toren und die Klugen so durcheinander gemengt sind, daß Gott allein sie voneinander sondern wird. Und er *wird* ohne Zweifel auch uns voneinander sondern ohne Ansehen unserer Person, wird vielleicht den Mann von seiner Frau, den Freund vom Freund, das Kind von den Eltern sondern und trennen, und da werden die Klugen sich finden und da die Toren. Und alle werden überrascht, daß der nicht bei den Toren steht und der nicht bei dem Haufen der Klugen. Und sie alle werden zuletzt doch dem Richter rechtgeben müssen: »Herr, deine Gerichte sind wahrhaftig und gerecht.«[3] Aber solange uns diese Scheidung noch nicht offenbart ist, werden wir uns hüten zu richten. Christus hält uns die klugen Jungfrauen vor Augen, damit wir uns von der Torheit der Törichten abwenden. Und er hält uns ebenso die Törichten vor Augen, damit wir klug werden. Seine Botschaft vom Gericht ist, eben weil sie noch *Botschaft* von diesem Gericht ist, nicht Gericht, sondern Gnade, nicht eine zum Schlag ausholende Faust, sondern eine zur Versöhnung und Bekehrung dargebotene Hand. Gerade dies Gleichnis, das so furchtbar von dem »zu spät« zeugt, will uns locken und werben. Noch ist es Zeit! »Achtet die Geduld unseres Herrn für eure Seligkeit.«[4]

Unser Text ruft uns allerdings zur Buße, aber wie das Jesus immer tut: auf dem Hintergrund einer übergroßen Freude. Tut Buße, sagt Jesus, und fährt nicht fort: das Gericht, die Hölle mit ihren Qualen ist nahe herbeigekom-

---

3 Offb 16,7 19,2.
4 1.Petr 3,15.

men, sondern sagt: »Tut Buße, denn das Himmelreich ist
nahe herbeigekommen.«[5] Christen, die sich von Jesus zur
Buße rufen lassen, lassen nicht die Köpfe hängen, sondern
erheben ihre Häupter, »darum daß sich ihre Erlösung
naht«[6]. Will ein Volk den Ruf zur Buße nicht mehr hören,
hat es dafür keine Zeit mehr, dann wird es auch keine Gelegenheit mehr finden, die Häupter zu erheben, und es wird
ihm gehen wie dem geknechteten Volk Israel in Ägypten,
daß sie auf Gottes Wort einfach nicht mehr hören *können*
»vor Seufzen und Angst und vor harter Arbeit«[7].

Darum sollen wir heute, wo sich Bußtag und Totenfest
für uns vereinigen und der Tag damit einen doppelten
Ernst bekommt, zuerst etwas von der Freude hören, die
unser Leben bestimmt: »Dann wird das Himmelreich
gleich sein zehn Jungfrauen, die ihre Lampen nahmen und
gingen aus, dem Bräutigam entgegen.« Wir Christen leben
mit einer großen Erwartung. Wir gehen einem Fest entgegen. Wir sind damit, daß wir durch die Taufe und Unter-
weisung zur Gemeinde gehören, wie Brautjungfern, die
ausziehen, den Bräutigam zu empfangen. Wie kann eine
solche frohe Erwartung einem Menschen ungeheure
Spannkraft geben! Im grauen Einerlei des Alltags und der
Arbeit, der Schuldbeladenheit und der Flucht in Kompro-
misse taucht plötzlich die Hoffnung auf etwas ganz Herr-
liches auf, eben etwa auf eine Hochzeit. Noch ist der Tag
und auch der Bräutigam fern. Aber schon viele Tage und
Wochen vorher dreht sich alles um ihn, obwohl er noch
nicht da ist. An den Verhältnissen ist jetzt nichts anders geworden. Da bleiben Alltag und Arbeit und Schuldbeladenheit. Aber doch ist alles anders geworden; denn da ist eine

---

5 Mt 4,17.
6 Lk 21,28.
7 2.Mose 6,9.

große Erwartung, die trägt alle Lasten, die macht frei von Mutlosigkeit und Verzweiflung.

Wenn das schon mit menschlichen Verhältnissen so ist, wie viel mehr dann mit dem einzig Neuen und Bleibenden, das wir zu erwarten haben: mit der Wiederkunft Christi. Haben wir an dieser Erwartung teil? Sonst stehen wir außerhalb des Gleichnisses. Denn wer gar nicht erst auszieht dem Bräutigam entgegen, der hat von vornherein keinen Teil am Himmelreich. Jesus redet allein von denen, die aufbrechen und ihre Lampen nehmen, getrieben von der großen Erwartung. Aber darüber hinaus setzt er keine Grenzen und macht er keine Unterschiede von den Verhältnissen her. Der eine sagt vielleicht: Ich bin alt, habe an mir so schwer zu tragen, so viel Leid ist über mich gekommen, ich bin ganz müde und lebenssatt, ich kann mich nicht mehr freuen. Gerade der hätte Anlaß, mit Freude dem Bräutigam entgegenzugehen, weil er ihm so nahe ist. Die Welt fragt, wie man leicht stirbt. Frage du, wie man selig stirbt, und gib der Welt davon ein Zeugnis, indem du deine Lampe nimmst und dem Bräutigam entgegengehst. Und wenn ein anderer sagt: Ich bin noch zu jung, erwarte noch so viel Freude vom Leben, mit der christlichen Erwartung hat es noch Zeit, so wollen wir Jungen gerade heute, wo wir vielleicht eher zum Sterben bereit sein müssen als die Alten, uns tragen lassen von der ruhigen Getrostheit: »Mit Fried und Freud fahr ich dahin in Gott's Wille; getrost ist mir mein Herz und Sinn, sanft und stille.«[8] Ob im Krankenbett oder auf dem Schlachtfeld oder wo sonst uns der Tod ereilen mag, überall sollen wir uns verhalten als solche, die dem Bräutigam entgegengehen. Da ist zwischen uns allen kein Unterschied.

---

8 EG 519,1.

Aber ein Unterschied ist allerdings. Den machen nicht die Verhältnisse, sondern den macht der Glaube. »Aber fünf unter ihnen waren töricht, und fünf waren klug. Die törichten nahmen ihre Lampen; aber sie nahmen nicht Öl mit sich. Die klugen aber nahmen Öl in ihren Gefäßen samt ihren Lampen.« Ein scheinbar geringfügiger Unterschied! Alle sind erfaßt von der großen Erwartung, alle gehen dem Bräutigam entgegen, alle haben Lampen, alle Lampen brennen, alle werden schließlich müde und schlafen ein. Und doch sind die einen klug und die andern töricht. Nur die einen tun das alles sich selbst zum Segen, die andern aber sich selbst zum Fluch. Denn die einen haben eine Reserve und die andern nicht.

Was ist es um diesen Unterschied? Was ist es um diese Reserve? Die törichten Jungfrauen haben eine doppelte Torheit begangen: Einmal haben sie nicht daran gedacht, daß die Erwartung das Warten in sich schließe, daß die Hoffnung Geduld fordere, daß der Glaube begleitet sei von der Anfechtung, daß die Freude das Kreuz in sich schließe, daß der Bräutigam und Freudenbringer der Richter sei. Sie haben sich an dieser Sache beteiligt, deren Kosten sie nicht überschlagen haben. Und darum haben sie die andere Torheit begangen: Ihr Glaube hat nicht ihr Verhalten bestimmt, ihre Hoffnung nahm sie nicht gegenwärtig voll und ganz in Anspruch. Ihre Freude war nicht nüchtern, sondern schwärmerisch. Sie hatten wohl die äußere Form des Christentums, aber es fehlte das Entscheidende: der Brennstoff. Sie hatten, kurz gesagt, versäumt, Gottes Wort sich anzueignen, so anzueignen, daß es nicht nur langt für diese oder jene Gelegenheit im Leben, sondern langt über den Tod hinaus. Es gibt ja solche Christen, deren Christentum, um nun einmal ein modernes Gleichnis zu gebrauchen, einem herrlichen Kraftwagen mit allen Schikanen und Bequemlichkeiten gleicht.

Aber was nützt der schönste Wagen, wenn man keinen Betriebsstoff hat? Und was nützen einem noch ein paar Liter, wenn sie doch nicht reichen für die große Fahrt, die wir vorhaben?

Das wird zur entscheidenden Bußfrage heute an uns. Haben wir für unsern Betriebsstoff gesorgt, haben wir Reserven angelegt in dem jetzt zu Ende gehenden Kirchenjahr? Haben wir Gottes Wort so reichlich in uns aufgenommen, daß wir nun in große Anfechtungen kommen können und doch genug haben? Das ist eine Frage, auf die ihr, jeder einzelne, und auch ich, euer Pastor, die wir ja nun schon fast ein Jahr lang beieinander sind, antworten müssen, nicht mit Worten, sondern in Entscheidungen, der eine früher, der andere später. Ist euch durch Gottesdienste, Bibelstunden und einzelne Gespräche das Öl für eure Lampen in ausreichendem Maß zugeflossen? Haben wir, jeder für sich, dafür gesorgt, alles aufzufangen, nichts verloren gehen zu lassen? Habt ihr Hausväter euren Familien, ihr Mütter euren Kindern es weitergegeben? Haben wir es im öffentlichen Leben, soweit sich Gelegenheit dazu bot, nicht unterlassen, es als den entscheidenden Besitz auszugeben? Ist das nicht die rechte Buße, die wir heute angesichts der Unbußfertigkeit unseres Volkes zu tun haben, daß wir uns unentwegt um die geistliche Reserve, um das Wort Gottes kümmern? Wie lange wir das noch können? Wissen wir, ob wir noch ein liebes langes Kirchenjahr Sonntag für Sonntag in der Gemeinde zusammenkommen können, von einem, der dazu vorgebildet ist, das Wort ausgelegt zu erhalten? Wissen wir, ob wir im kommenden Kirchenjahr alle unsere Kinder taufen, alle unsere Ehen einsegnen, alle unsere Toten christlich bestatten lassen können? Wissen wir, ob nicht Gott uns vielleicht einen großen Hunger nach dem Wort schickt, daß das Wort Gottes teuer wird in unserm Vaterland und oft beim besten Willen nicht

zu kriegen ist? Werden dann unsere Lampen trotzdem
brennen und nicht verlöschen?

Wie es auch kommt, in diese Probe werden wir bestimmt
geführt. »Da nun der Bräutigam verzog, wurden sie alle
schläfrig und schliefen ein.« Das ist kein Tadel, sondern
bloß eine Feststellung. Wir haben nicht ewig Zeit. Der Tod
setzt jedem die Grenze. Was wir bis dahin nicht gehört, gelernt, geglaubt haben, werden wir hernach nicht mehr hören, lernen und glauben können. Ist dein Christentum nur
die Tünche über einem bürgerlichen Leben, so ist es bestimmt mit diesem Christentum aus im Tode. Solche Lampe
verlischt. Ist aber dein Christsein keine Tünche, sondern ist
ein neuer Mensch im alten, weist das Sein im Glauben wirklich auf eine neue Kreatur, so wird deine Lampe hell leuchten, wenn dann wirklich der Bräutigam kommt.

Er verzieht. Das ist die große Anfechtung für die Kirche.
Der alten Christenheit machte die Feststellung große Not,
daß Christen starben, bevor der Herr wiederkam. Das ist
eine Probe auf die Christlichkeit unseres Totenfestes. Setzen wir uns nur mit Tränen nieder an den Gräbern unserer
Lieben, oder schreien wir an den Gräbern: Herr, wie lange?
Wie lange läßt du die Christen noch sterben, bevor du wie-
derkommst? Wie lange läßt du sie noch im Grabe ruhen
vor der Auferstehung? Und das Schreien der Christen an
den Gräbern um die Wiederkunft ihres Herrn gipfelt im
Schrei der Märtyrer der christlichen Kirche: »Herr, du
Heiliger und Wahrhaftiger, wie lange richtest du nicht und
rächst unser Blut an denen, die auf der Erde wohnen?«[9]
Verstehen wir nicht das Gebet des Psalmisten: »Erwecke
dich, Herr! Warum schläfst du? Wache auf und verstoße
uns nicht so gar!«[10]

---

9 Offb 6,10.
10 Ps 44,24.

Wenn nur die Christenheit leidenschaftlich danach schriee! Dann würde gewiß die letzte Zeit verkürzt. Dann würde es plötzlich, wenn wir es am wenigsten erwarten, wahr werden: »Zur Mitternacht aber ward ein Geschrei: Siehe der Bräutigam kommt; geht aus ihm entgegen!« Da versteht man die Psalmstelle: »Der Herr erwachte wie ein Schlafender, wie ein Starker jauchzt, der vom Wein kommt.«[11] Da wird das Wort von Christus, da wird die Botschaft von seinem Kommen so laut erschallen, daß alle hören, daß auch die Schlafenden, daß auch die Toten hören und aufstehen. Wie herrlich, dieses geschieht um Mitternacht für die, die Öl in den Lampen haben! Wie furchtbar für die, die kein Öl haben! Laßt uns beten, daß uns und denen, die wir lieb haben, daß auch denen, die jetzt ihr junges Leben zum Opfer bringen, dieser Schrei um Mitternacht zu einem Freudenschrei wird und zu einer fröhlichen Auferstehung.

»Da standen diese Jungfrauen alle auf und schmückten ihre Lampen. Die törichten aber sprachen zu den klugen: Gebt uns von eurem Öl, denn unsere Lampen verlöschen. Da antworteten die klugen und sprachen: Nicht also, auf daß nicht uns und euch gebreche; geht aber hin zu den Krämern und kauft für euch selbst. Und da sie hingingen zu kaufen, kam der Bräutigam; und die bereit waren, gingen mit ihm hinein zur Hochzeit, und die Tür ward verschlossen. Zuletzt kamen auch die andern Jungfrauen und sprachen: Herr, Herr, tu uns auf! Er antwortete aber und sprach: Wahrlich, ich sage euch: Ich kenne euch nicht.«

Warum dieser furchtbare Ernst? Warum diese dröhnend ins Schloß fallende Tür, von der Himmel und Hölle widerhallt? Warum dieses unbarmherzige letzte Wort Christi: »Ich kenne euch nicht!«?

---

11 Ps 78,65.

Daß wir jede Stunde ganz ernst nehmen, als sei es die letzte, die Gott uns läßt. »Darum wachet; denn ihr wisset weder Tag noch Stunde, in welcher des Menschen Sohn kommen wird.«

Daß wir Gottes Wort in jeder Predigt, bei jedem Bibellesen vernehmen, als sei es das letzte Mal.

Und das alles darum, daß wir die Freude, die uns Christen bereitet ist, ganz ernst nehmen. Wir sind heute zum Tisch des Herrn gerufen von Christus selbst. Die Gnadentür steht offen, sie, die einmal verschlossen sein wird. Gott gebe, daß wir dann nicht davorstehen als die, die nichts mehr zu erwarten haben und die durch eine Tür müssen, darüber steht: Laßt alle Hoffnung fahren! Sondern daß wir auch dann das Tor offen finden und mit hell brennenden Lampen an seine Tafel kommen in seinem himmlischen Reich. Amen.

Befreiung der Christenheit
aus babylonischer Verwirrung

Predigt in Berlin-Hermsdorf am 12. Mai 1940
(Pfingstsonntag)

Nachdem am 9. April 1940 deutsche Truppen Dänemark besetzt hatten und in Norwegen gelandet waren, erfolgte am 10. Mai der Angriff auf Holland, Belgien, Luxemburg und Frankreich.

Darum sollst du zum Hause Israel sagen: So spricht der Herr: Ich tue es nicht um euretwillen, ihr vom Hause Israel, sondern um meines heiligen Namens willen, welchen ihr entheiligt habt unter den Heiden, zu welchen ihr gekommen seid.

Denn ich will meinen großen Namen, der vor den Heiden entheiligt ist, den ihr unter ihnen entheiligt habt, heilig machen. Und die Heiden sollen erfahren, daß ich der Herr sei, spricht der Herr, wenn ich mich vor ihnen an euch erzeige, daß ich heilig sei.

Hes 36,22–23[1]

In welchem Zustande findet Gott sein Volk vor am Pfingstfest 1940? An dem Tage, da Gott seinen lebendig

---

1 Anfang der alttestamentlichen Lektion am Pfingstsonntag.

machenden Geist ausgoß über alles Fleisch, schütten wir
Menschen todbringendes Verderben übereinander aus. An
dem Tage, da Gott den Zaun niederriß, der die Völker vor
seinem Angesicht voneinander trennte, indem er sich sein
Volk versammelte aus aller Welt Zungen und allen, allen
die gleiche Sprache und das gleiche Ohr gab, um gemeinsam seine für alle gleichen und für alle gleich großen Taten
zu vernehmen, da ist offenbar geworden, daß die einen
nicht mehr auf die andern hören können, daß man in zwei,
in drei, ja in hundert und tausend verschiedenen Sprachen
redet, daß man sich nicht mehr verständigen kann, sondern
notgedrungen immer höhere Mauern aufrichten, immer
tiefere Gräben ausheben muß und schließlich schweigen
muß, um allein die Geschütze reden zu lassen.

Nun kann man gewiß nicht sagen: Seht, das ist die Christenheit! Wenn die Völker Europas überhaupt je als christlich anzusprechen waren, dann doch heute nicht mehr. Die
Mächte, die heute im Kampf stehen, bekommen ihren An-
trieb nicht aus dem Boden der Christenheit. Moralisch
oder gar christlich getarnte Parteien können nicht den anti-
christlichen Charakter unserer Zeit verdecken. Die wahre
Christenheit ist heute in allen Völkern eine kleine Schar,
ein verschwindender Rest, ohne Einfluß und ohne Macht.

Das ändert aber nichts an der Tatsache: Die Christen
sind überall mit dabei, überall mitten darunter. Das Wort
»christliches Abendland« hat doch ein gewisses Recht. In
der Begegnung mit Christus hat unser Volk erst sein Volk-
sein und sein Gesicht gewonnen. Der alle Grenzen über-
springende Glaube an Jesus Christus, Gottes einzigen
Sohn, hat aus einer vorgeschobenen Halbinsel Asiens Europa geschaffen und damit das Zentrum der Weltgeschichte für nunmehr anderthalb Jahrtausende. Bei aller Ver-
schiedenheit hatten die sogenannten christlichen Völker
etwas gemeinsam, ja das Höchste, das Entscheidende ge-

meinsam: den Glauben, den Namen des dreieinigen Gottes, die heilige Taufe, die ökumenischen Glaubensbekennt-
nisse, das Vaterunser, die zehn Gebote, das Doppelgebot
der Liebe, das Vorbild Jesu, den Glauben an die Vergebung
der Sünden, die Erwartung eines allumfassenden Gerichts
und die Hoffnung auf die Auferstehung und ein ewiges
Leben. Das gab einst diesen Völkern trotz aller Differen-
zen die Möglichkeit des Verständnisses, eine gemeinsame
Sprache, gemeinsame Normen, gemeinsame Verantwortung. Die Christenheit hatte hier begonnen, freilich wirklich nicht mehr als begonnen, Salz der Erde, Licht der Welt
zu sein.

Nun ist das anders geworden. Nicht erst seit gestern und
vorgestern, sondern in langsamer und stetiger Entwick-
lung seit Jahrhunderten. Ist das Salz der Christenheit
dumm geworden? Ist ihr Licht am Verlöschen? Nicht daß
ihre Macht und ihr Einfluß auf die Massen zurückgegan-
gen sind, ist entscheidend, sondern daß sie im Glauben
schwach geworden ist, darin liegt der Schade. Statt den
Heiden gegenüber voll missionarischer Kraft zu sein, hat
sie sich in ihrem eigentlichen Auftrag verkapselt vor den
Heiden und hat nach außen den Frieden gesucht mit den
Heiden, sich verständigt mit den Heiden. Statt sich zu erweisen und zu verstehen als das erwählte Volk Gottes, das
Haus Israel nach dem Geist, das der heilige Geist berufen
hat aus aller Welt Zungen, hat sie sich zerstreut unter die
Nationen, hat sie immer mehr gelernt, jeweils die Sprache
ihrer Nation zu sprechen, und die der Christenheit gemeinsame Sprache verlernt. Aus der königlichen Freiheit,
mit der die Christen als die Fremdlinge und Pilgrime hin-
gehen sollen in alle Welt und zu allen Völkern als die Boten
Christi, ist eine babylonische Gefangenschaft der Christenheit geworden. Wie das Volk Israel durch die babylonische Gefangenschaft zerstreut wurde in alle Welt, so ist

auch heute aus dem Zerstreutsein der Christen unter die
Völker nicht das sieghafte Zeugentum, sondern träghafte
Seßhaftigkeit, wehrlose Gefangenschaft, weltgebundenes,
staatlich genehmigtes Christentum geworden. Im Frieden
mit den Heiden stehen die Christen im Krieg gegeneinander. Was der heilige Geist gepflanzt hat, ist überwuchert
von dem, was von Natur in uns wächst. Der Leib Christi
ist zerrissen in englische Christen und deutsche Christen
und was weiß ich noch für Christen.

So hat die Christenheit teilgenommen an der babylonischen Sprachverwirrung. Denn sie hat teilgenommen an
der Schuld, die zu diesem gerechten Gericht Gottes führt:
an dem nimmermüden Versuch der Menschen, »sich eine
Stadt und einen Turm zu bauen, des Spitze bis an den Himmel reiche«², sich einen Staat zu gründen, der in die Ewigkeit dauert, um sich einen Namen zu machen, um zusam-
mengehalten zu sein durch einen Namen, der nicht Gottes
Name ist. Weil die Christenheit nicht zu allen Zeiten mit
aller Entschiedenheit Nein gesagt hat zu diesem Unterneh-
men des babylonischen Turmbaus, sondern sogar selber
mit dabei war und solch Tun im Namen Gottes gesegnet
hat, darum straft Gott die Christenheit, wie er die Völker
einst strafte in der Urzeit, wie er Israel strafte in der babylonischen Gefangenschaft, so auch uns. Denn wenn die
Christen auch nicht die treibende Kraft gewesen sind, so
doch die Mittreibenden und als solche gerade die ganz
Schuldigen. Weil die Christenheit, weil wir nicht mit dem
ganzen Einsatz für die Heiligung des Namens Gottes ein-
getreten sind, weil wir schwiegen, wo es klüger war, und
mitmachten, wo es so bequemer war; weil wir die Botschaft, die wir den Heiden brachten mit dem großen heiligen Namen Gottes, unglaubwürdig machten durch unser

---

2 1.Mose 11,4.

Leben; weil wir, die wir allein es besser wußten als die Heiden und ihnen allein es hätten sagen können, versagt haben und damit Gottes Namen vor den Heiden entheiligt haben: Darum stehen wir mit unter der Schuld der ganzen Welt, mit unter der Strafe der Sprachenverwirrung und können jetzt nicht so einfach heraus, sondern müssen darinnen bleiben, harren auf das, was Gott tut an Gericht und Gnade durch sein Wort, das er uns jetzt verkündigt; müssen darauf harren, daß Gott selber eingreift und seinem Volk dennoch ein Pfingsten bereitet, das uns herausreißt aus der Verflochtenheit in die babylonische Sprachverwirrung.

Gott greift ein. Das hat er durch den Propheten zugesagt. Und das hat er am Tag der Pfingsten erfüllt an den Aposteln und der Gemeinde zu Jerusalem. Und das will er auch heute an uns erfüllen. Wie Gott eingreift, darüber dürfen wir nicht phantasieren nach unseren Wünschen. Gott tut es ganz anders, als wir denken. Wir dürfen aber auch nicht meinen, darüber ließe sich nichts sagen und wir müßten einfach die Hände in den Schoß legen und uns passiv verhalten. Nein, Gott offenbart uns in seinem Wort, wie er eingreift, sagt es uns klar und entschieden: So greife ich ein und nicht anders. Und indem er uns das vorhält, greift er bereits ein und tut an uns, was er um seines heiligen Namens willen für gut hält.

Denn das sollen wir uns an erster Stelle gesagt sein lassen: Gott geht es allein um seine Ehre, um seinen heiligen, großen Namen. Willst du in der Erschütterung dieser Zeit einen festen Punkt haben, von dem aus du alles, was um dich her geschieht, klar und nüchtern sehen, durchschauen, beurteilen kannst, so kannst du es allein von dem Gesichtspunkt der Ehre Gottes, der Heiligung seines großen, heiligen Namens her. Gott greift ein, aber nicht weil er uns helfen *müßte*, nicht weil wir meinen, so könne es nicht weitergehen, nicht weil Gott an unser Volk gebunden wäre, wie es lästerlicherweise in dem Gesangbuch, das in der DC-Gemeinde in Hersmdorf gebraucht wird, heißt: »Der Herrgott selbst tat diesen Schwur: Deutschland soll nimmer sterben!« Nicht weil Gott das christliche Abendland brauchte, auch nicht weil wir als seine Kirche, als sein Volk das beanspruchen könnten und verdienten. Sondern »so spricht der Herr: Ich tue es nicht um euretwillen, ihr vom Hause Israel, sondern um meines heiligen Namens willen«. Das ist allein ein fester Grund, auf dem der Glaube ruht. Denn sollte Gott eingreifen allein um unsertwillen, die wir es weder verdient haben noch Gottes Hilfe so, wie er nun einmal hilft, überhaupt wollen, dann stünde der Glaube auf schwankendem Grund. Aber wie Gottes großer heiliger Name nicht schwankt und unerschütterlich heilig ist, so setzt Gott auch die Heiligkeit seines Namens durch auf Erden unter den Christen und unter den Heiden, in der Kirche und in den Nationen, gegen die Kirche und gegen die Nationen. »Was er sich vorgenommen und was er haben will, das muß doch endlich kommen zu seinem Zweck und Ziel.«[3] Und wenn du in dieser Zeit der Angst und Not und Verwirrung nicht mehr weißt, was du bitten sollst, dann kehre zurück zu dem wahren und einzigen Anfang rechten Betens: »Geheiligt werde dein Name!« Wenn du so betest, hast du Gewißheit, daß dein Wille sich eint mit Gottes Willen, daß dein Gebet Gott wohlgefällig und von Gott erhört ist. Darauf kannst du fröhlich Amen sprechen. Denn das geschieht, so wahr Gott Gott ist. Und wenn du in Gewissenszweifeln heute nicht mehr weißt, was recht ist und was du tun sollst, so beuge dich wieder unter das A und O der Gebote Gottes: »Du sollst den Namen des Herrn, deines Gottes, nicht unnützlich führen; denn der Herr wird den nicht ungestraft lassen, der seinen

---

3 EG 361,5.

Namen mißbraucht. Ich bin der Herr, dein Gott, du sollst nicht andere Götter haben neben mir.«[4] Wer auf die Frage: Was soll ich denn tun?, dies als entscheidende Antwort weiß: Gott die Ehre geben, der wird trotz aller Finsternisse einen geraden Weg gehen, auf dem Schritt für Schritt Gottes Wort seinen Füßen eine Leuchte und ein Licht auf seinem Wege sein wird[5]. So bitten und so handeln, das wird nur ein kleiner Rest tun in den christlichen Völkern heute. Denn wer richtet sein Gebet wirklich zuallererst auf die Heiligung des Namens Gottes und ordnet dem alles andere unter? Wer fragt überhaupt noch nach Gottes Ehre und läßt sich dadurch bestimmen und begrenzen? Aber daß dies ein Rest tue in allen Landen, darum ergeht das Wort des heiligen Gottes noch heute als Gnadenruf an uns. Denn es ist Gnade, daß uns Gott mitten in dem Bußruf, den dieser Text darstellt, noch ruft.

Denn der Weg, wie Gott die Heiligung seines Namens durchsetzen will, ist der, von dem der Prophet Sacharja einmal sagt: »Es soll nicht durch Heer oder Kraft, sondern durch meinen Geist geschehen.«[6] Gottes Ehre ist nicht das Ergebnis der Weltgeschichte. Die Siege, mit denen die Schlachten der Menschen enden, sind nicht Gottes Siege. Gott siegt auf verborgenem Wege. Er ist so wenig auf die Hilfe von Menschen angewiesen, daß er das Werkzeug, das er eigens zur Heiligung seines Namens geschaffen hat, das Volk Israel, die Kirche, straft, zerschlägt und zerstreut unter die Heiden. Denn daran erweist sich Gott als der über alles Heilige, daß er sich seiner nicht nur von der Welt, sondern auch von den Seinen nicht spotten läßt. Damit be-

---

4 Das zweite und erste Gebot nach 2.Mose 20,7.1f in Luthers Kleinem Katechismus.
5 Ps 119,105.
6 Sach 4,6.

ginnt die Selbstheiligung des Namen Gottes, daß das Gericht anfängt am Hause Gottes[7]. Damit allein können wir
die Heiligung des Namens Gottes beginnen, daß wir zu
diesem Gericht an uns Ja sagen: »Deine Gerichte sind
barmherzig und gerecht.«[8]

Indem Gott sich so strafend und richtend an uns erweist,
erweist er sich als der Heilige vor den Heiden. Glaubt ihr
nicht auch, daß Gott jetzt in den Zeiten des über die Christenheit ergehenden Gerichts gerade dadurch die Heiden
aufmerken läßt und sich heilig vor ihnen erweist, daß eine
leidende, wohlgemerkt durch Gottes Willen leidende Kirche wieder anfängt, Zeuge für Gottes Ehre und Heiligkeit
zu werden, nachdem sie als herrschende und unangefoch-
tene, verweltlichte Kirche den Namen Gottes lange genug
entheiligt hat unter den Heiden, zu welchen sie gekommen
war?

Damit geschieht nun etwas Wunderbares: Indem Gott
sich so heilig erweist an uns vor den Heiden, als der Richter der Kirche und der Richter der Völker, macht er seine
Arme weit auf und erbarmt sich in diesem seinem Richten
nicht nur über seine Kirche, sondern auch über die Heiden, die nun durch den Anblick dieser wundersamen Heiligkeit Gottes erst die Botschaft hören von der Vergebung
der Sünden, vom Leben aus dem Tod, vom Siege Gottes
über die Macht der Finsternis.

»Ich tue es nicht um euretwillen«, sagt Gott, »sondern
um meines heiligen Namens willen.« Aber um meines heiligen Namens willen geschieht es allerdings euch zugut,
auch den Juden und auch den Heiden, euch die ihre nahe
waret und euch die ihr fern seid, euch den Christen und
euch den Völkern, euch den Frommen und euch den Gott-

---

7 1.Petr 4,17.
8 Offb 16,7.

losen. Euch alle, alle rufe ich, indem ich mich vor euch heilig erweise an denen, die noch auf meinen Namen hören.

Denn indem Gott uns vor aller Welt straft mit seinem Gericht in der Christenheit, bringt er uns ja dahin, wo er allein uns helfen kann, nämlich wo wir uns selber nicht mehr helfen können. Die Heiden sagen: Hilf dir selbst, so hilft dir Gott. Der Christ sagt: Kannst du dir selbst nicht helfen, dann hilft dir Gott. Als die in Gottes Gericht durstig, hungrig, müde und matt Gewordenen sind wir allein auf Gottes Barmherzigkeit geworfen. Und nun seht, wie er uns hilft. Er hilft uns dadurch, daß er sich an uns als der heilige Gott erweist. Und zwar tut Gott, wie der Text sagt, vier Dinge an uns:

Zum ersten: Er reinigt uns. Er sprengt reines Wasser über uns, daß wir rein werden. Das tut er in der Taufe. Das tut er in der uns täglich bereiten vergebenden Gnade. Diese Reinigung ist keine oberflächliche. Sie nimmt alles fort. Wenn unsere »Sünde gleich blutrot ist, soll sie doch schneeweiß werden, und wenn sie gleich ist wie Scharlach, soll sie doch wie Wolle werden«.[9] Wenn die Christenheit, wenn wir in der Welt noch zu etwas taugen sollen, dann müssen wir hier mit uns selber einen neuen Anfang machen lassen. Was helfen alle Erkenntnisse über den Schmutz der Welt, über den Götzendienst grober und feiner Art, was hilft alles Seufzen und Kritisieren und Anklagen, wenn wir nicht Gott bei uns Raum geben und von uns allen Schmutz und alle Götzen fortschwemmen lassen, wenn wir nicht auf alles Glück zu verzichten willens sind, um selig zu sein darin, daß wir reines Herzens sind?

Zum andern: Dann macht Gott ein solches Herz nicht nur rein, sondern auch lebendig; er läßt es nicht tot und steinern bleiben. An einem Herzen hat sich Gott erst dann

---

9 Jes 1,18.

heilig erwiesen, wenn es nicht nur rein geworden ist, sondern wenn es nun auch schlägt und lebt für Gottes heiligen
Namen, wenn es ein hörendes, verstehendes Herz wird,
ein lebendes, sich hingebendes Herz. O, wie muß Gott uns
allen die durch Bitterkeit und Müdigkeit versteinerten
Herzen herausreißen und uns neu schaffen im Zentrum.
Und, so hat er zugesagt: Er tut es! Keiner ist zu alt dazu,
kein Fall liegt hoffnungslos, keiner darf sagen: Ich kann es
nicht glauben. Frage gar nicht nach dir, frage nur nach
Gottes heiligem Namen. Er verfügt über den heiligen
Geist, der da lebendig macht.

Zum dritten: Den will er uns geben: einen nüchternen,
einen demütigen, einen gehorsamen Geist. Nicht einen
Geist der Schwärmerei und menschlicher Begeisterung.
Sondern einen Geist, der uns aus Aufsässigen zu Gehorsamen, aus Strauchelnden zu Geradegehenden macht. Nicht
einen Geist, der einfach uns stärkt zu unserm Vorhaben,
der einfach uns Kraft gibt, in unsern Sünden fortzufahren.
Sondern einen Geist, der unser ganzes Angesicht steif aus-
richtet auf Gottes heiligen Namen und der uns dann zum
Wollen das Vollbringen, zum Wissen das Tun, zur Lehre
das Leben schenkt.

Und damit schließlich vollendet sich ein Letztes. Erst
damit wird Gottes Name vor aller Welt als heilig offenbar.
Er errettet die Seinen aus der Zerstreuung unter die Nationen. Er sammelt sich sein Volk und setzt es in das gelobte
Land, das nicht ein Land dieser Welt ist, das himmlische
Jerusalem, wo wir sein Volk sind und er unser Gott. Darauf
warten wir. Aber davon erfahren und erleben wir auch
schon etwas. Wenn wir Christen begegnen von ganz anderer Herkunft, Erziehung, Geschichte, Rasse und Sprache:
»als die Unbekannten und doch bekannt!«[10] Wenn wir im

10　2.Kor 6,9.

Geist uns verbinden zum gemeinsamen Gebet als die Christen, die wir aus tiefer Not heute am Pfingstfest zu Jesus Christus schreien, nicht nur in unserm Vaterland, sondern auch jenseits der Westgrenze in Frankreich, Belgien, Holland und England! Die ökumenische Einheit der Christenheit im gleichen Glauben scheint heute ferner denn je. Sie ist heute verachteter denn je. Und zu ihr sich zu bekennen, ist heute gefährlicher denn je. Aber wir sind es Gottes heiligem Namen schuldig, daß wir den Leib Christi nicht zerreißen, sondern kühn darauf vertrauen, daß Gott tun wird, was er sagt: »Ich will euch aus den Heiden holen und euch aus allen Ländern versammeln und wieder in euer Land führen. Und ihr sollt wohnen im Lande, das ich euren Vätern gegeben habe, und sollt mein Volk sein und ich will euer Gott sein.«[11] Gott wolle seiner Christenheit, er wolle dem unter die Heiden zerstreuten heiligen Rest die Fülle seines heiligen Geistes verleihen, der babylonischen Verwirrung ein Ende setzen und der Welt die Vollendung der Pfingstgabe bald sehen lassen. Amen.

---

11 Hes 36,24.28.

Zwei Weisen,
mit dem Bösen fertig zu werden

Predigt in Berlin-Hermsdorf am 30. Juni 1940
(6. So. nach Trin.)

10. Juni 1940 Kriegserklärung Italiens an Frankreich und Groß-
britannien. 14./17. Juni 1940 Ultimaten der Sowjetunion an Li-
tauen, Estland und Lettland mit anschließender Eingliederung
als Sowjetrepubliken. 23. Juni 1940 deutsch-französischer Waf-
fenstillstand.

*Denn ich sage euch: Es sei denn eure Gerechtigkeit besser
als die der Schriftgelehrten und Pharisäer, so werdet ihr
nicht in das Himmelreich kommen.*

*Ihr habt gehört, daß zu den Alten gesagt ist: »Du sollst
nicht töten; wer aber tötet, der soll des Gerichts schuldig
sein.«*

*Ich aber sage euch: Wer mit seinem Bruder zürnet, der ist
des Gerichts schuldig; wer aber zu seinem Bruder sagt:
Racha! der ist des Rats schuldig; wer aber sagt: Du Narr!
der ist des höllischen Feuers schuldig.*

*Darum, wenn du deine Gabe auf dem Altar opferst und
wirst allda eingedenk, daß dein Bruder etwas wider dich
habe,*

*so laß allda vor dem Altar deine Gabe und gehe zuvor
hin und versöhne dich mit deinem Bruder, und alsdann
komm und opfere deine Gabe.*

Sei willfährig deinem Widersacher bald, dieweil du noch bei ihm auf dem Wege bist, auf daß dich der Widersacher nicht dermaleinst überantworte dem Richter, und der Richter überantworte dich dem Diener, und werdest in den Kerker geworfen.

Ich sage dir wahrlich: Du wirst nicht von dannen herauskommen, bis du auch den letzten Heller bezahlest.

Mt 5,20–26[1]

Die Art, wie ich mit dem Bösen fertig werde und wie ich mit Gott zurechtkomme, das nennt die Bibel meine Gerechtigkeit. Nun gibt es von jeher zwei Weisen, mit dem Bösen fertigzuwerden: durch Gewalt und durch innere Umwandlung. Einen Verbrecher kann man hinrichten. Es kann aber auch so gehen, daß er sich bekehrt und anders wird. Den ersten Weg kann die Welt nicht entbehren. Denn wo käme sie hin, wenn es keine Gerechtigkeit und keine strafende Gewalt gäbe, wenn man sich der Diebe und Mörder nicht erwehren könnte durch Gefängnisse und Todesstrafe? Denn den andern Weg kann man auch mit aller Gewalt nicht erzwingen; der ist, wo immer Menschen ihn gehen und kennenlernen durften, ein Wunder. Der erste Weg ist der Weg des Staates, und der andere Weg ist der Weg der Kirche.

Gott hat beide Wege verordnet. Er hat das Amt des Schwertes und das Amt des Wortes eingesetzt. Zwei Wege gegen das Böse in der Welt. Zwei Weisen, die verkehrte Welt irgendwie zurechtzubringen. Sie laufen nebeneinander her, können sich gegenseitig fördern, können aber auch in die schärfste Spannung zueinander geraten. Und der

---

1 Evangelium vom 6. So. nach Trin. nach der alten Perikopenordnung.

Boden, auf dem sie sich beide begegnen, auf dem es zur Versöhnung oder zum Austrag tödlicher Feindschaft kommt, sind die Christen. Sie stehen mitten drinnen zwischen den beiden Ämtern, zwischen den beiden Dämmen gegen das Böse, zwischen den beiden Weisen, die verkehrte Welt irgendwie wieder zurechtzubringen. Wir alle haben als Christen Anteil an dem Amt des Wortes, an dem Amt, das die Versöhnung predigt. Wir haben aber auch alle Anteil an dem Amt des Schwertes, müssen auf unserm Recht bestehen, müssen das Schwert des Staates in Anspruch nehmen, ja selber das Schwert des Staates führen. Verwirrung und Anfechtung entstehen aus diesem Nebeneinander dadurch, daß der eine auch gerne sein will, was der andere ist; daß der Staat auch das Amt des Wortes sich aneignen und Kirche sein will und umgekehrt auch die Kirche nicht frei ist von Versuchen, sich das Amt des Schwertes, des Rechtes anzumaßen und einen idealen Gottesstaat will.

Daß diese Verkehrung entsteht, darf einen gar nicht wundern. Es muß einen allerdings anfechten, daß Gott dem Staat wie der Kirche einen so verschiedenen Enderfolg, aber wiederum einen so verschiedenen innerweltlichen Erfolg verliehen hat.

Darüber kann doch kein Zweifel sein, daß der Staat das Böse nicht aus der Welt schafft. Seine letzte Weisheit ist das Schwert. Und das Schwert kann nichts heil machen, es kann nur zerstören und töten. Es kann aber das Böse eindämmen, kann es abdrängen auf ein anderes Gebiet. Aber es entleiht die eigene Kraft gegen das Böse vom Bösen selber. Das Schwert des Staates fordert »Du sollst nicht töten« und muß doch selber töten, um dem gegenseitigen Beißen und Fressen der Menschen einen Damm entgegenzusetzen und eine gewisse Ordnung zu schaffen. Und sosehr dieses sein Töten anderes Leben schützen und bewahren kann, es kommt doch letztlich zu keinem Ziel und

Ende. In welchem Staat wäre vielleicht das Böse erledigt
und das Schwert zur Ruhe gekommen? Und wie das schon
im Innern eines Staates so ist, wo doch das Schwert gebunden sein soll und kann an das Recht und hier und da in der
Geschichte auch an sehr weise Gesetze gebunden und in
sehr gottesfürchtige Hände gegeben war, wie viel mehr
muß das so sein im Verhältnis der Völker und Staaten zueinander, über denen kein irdischer Richter steht und keine
ausschließlich an das Recht gebundene Macht Ordnung
schaffen kann. Eben darum herrscht das Faustrecht. Da
kann es schwer anders sein – und wer die Geschichte ein
wenig kennt, kann das nicht bestreiten –, als daß ein Krieg
dem andern ruft. Wo empfangenes Unrecht wieder gutge-
macht wird, da wird notwendig Recht auch wieder zertreten; wo sich Haß entlädt, bewirkt er die Entstehung neuer
Haßenergien; wo ein Volk sein Leben sichert, verbreitet es
um sich her den Tod. Wer nüchtern die Möglichkeiten der
Geschichte überdenkt, wird nicht von einem goldenen
Zeitalter träumen können, das endlich als Frucht und Ende
der Kriege die Menschheitsgeschichte krönt und in die
Ewigkeit überführt.

Ein so mühseliges, ein letztlich so verheißungsloses Geschäft ist das Geschäft des Staates. Nur wer das weiß, wird
ihm gerecht, dient ihm mit aller gebotenen Nüchternheit,
wird barmherzig gegen die Regierenden und lernt recht
beten für sie.

Wie stehen dazu die Verheißungen im Gegensatz, die
Gott der Kirche gegeben hat! Da wird die Sünde nicht nur
eingedämmt und verdrängt, sondern da wird sie beseitigt
und überwunden. Da herrscht nicht die Gewalt des Todes,
sondern da regiert ein neues Leben. Da wird nicht erst ge-
rungen um ein fernes Ziel, mit dem Bösen einmal fertig zu
werden. Sondern da lebt man von dem Siege Christi, der
ein für allemal das Böse, den Satan und den Tod überwun-

den hat. Die Kirche ist die neue Welt mitten in der alten
Welt, ist das Reich Gottes mitten im Reich des Fürsten dieser Welt. Ihr Dasein ist nicht der Kreislauf einer ewigen Si-
syphusarbeit, sondern alles strebt hin auf ein Ziel, auf ein
Ende, auf die Ewigkeit.

Aber wie viel mehr stehen nun zueinander im Gegensatz
die Verheißungslosigkeit des Staates und die Verheißungs-
fülle der Kirche auf der einen Seite, ihrer beider äußere Erscheinung und sichtbaren Erfolge auf der andern Seite.
Welche Macht auf der einen Seite! Welche Ohnmacht auf
der andern Seite! Was wird gearbeitet, geleistet, vor unsern
staunenden Augen hergestellt im Bereich des Staates. Es
geschehen hier sichtbare Wunder im Verlauf der nun abrol-
lenden europäischen Revolution oder gar einer Weltrevo-
lution. Wie manches vergangene Unrecht findet seine
Strafe und rächt sich bitter. Wir lassen uns alle den Schutz
gefallen, den uns unser Schwert und seine Siege bieten und
danken Gott, daß es uns nicht so geht wie unsern Nach-
barn. Es ist verständlich, wenn der Glanz dieser Machtent-
faltung und dieser Siege als eine Offenbarung Gottes aus-
gegeben wird und man als Frucht ein goldenes Zeitalter,
ein Zeitalter des Friedens und der Gerechtigkeit und eines
gleichsam ewig währenden Reiches erwartet.

Aber wenn wir nun daneben halten die Ohnmacht der
Kirche, die immer weiterschreitende Verachtung des Wortes Gottes in der Welt, und daß man etwa jetzt die Glocken
zum Danken läuten läßt, nachdem man sie nicht hat rufen
lassen zum Beten; wenn wir daran denken, daß sich über-
morgen der Tag zum dritten Mal jährt, da unser Bruder
Niemöller – entgegen dem Rechtsspruch – seiner irdischen
Freiheit beraubt wurde[2]; wenn wir an den kümmerlichen,

---

2 Am 1. Juli 1937 wurde Martin Niemöller verhaftet und nach dem
   Prozeß am 2. März 1938 widerrechtlich durch die Staatspolizei bis

so gar nicht imponierenden Zustand der eigenen Gemeinde denken und an die Müdigkeit und Kraftlosigkeit der Bekennenden Kirche sowie an unsere eigene geistliche Schlaffheit; und wenn wir dann doch festhalten, daß hier, wo die Bibel ist, wo das Wort gepredigt, das Sakrament empfangen wird, wo die Gemeinde der Gläubigen sich sammelt, daß hier allein Gott gegenwärtig, hier allein offenbar ist, hier allein sein Wille verständlich und verbindlich zu uns redet; wenn wir festhalten, daß die Gnade Gottes in Jesus Christus allein wirklich Gnade ist und daß Gottes Sieg allemal in dieser Welt bis an den jüngsten Tag das Zeichen des Kreuzes trägt, dann werden wir wohl die Anfechtung nicht los, aber dann halten wir ihr jeden Tag von neuem stand und wissen, daß die Siege in dieser Welt nicht Offenbarung der heilsamen Gnade Gottes, sondern nur Offenbarung der ganz unverständlichen, ganz unsichtbaren, ganz unabsehbaren Geduld Gottes sind und daß, wer hier Gottes Willen, Gottes Gericht, Gottes Gerechtigkeit sucht, die Antwort erhalten muß: Gottes offenbarer Wille, Gottes offenbares Gericht, Gottes offenbare Gerechtigkeit findest du hier nicht. Geh hin ans Kreuz! Höre das Wort! Da tut Gott seinen Willen kund, da vollzieht sich sein Gericht, da leuchtet die Sonne der Gerechtigkeit auf.

Und da bricht der Konflikt auf. Da wird der Predigt der Kirche verargt, daß sie von einer andern, von einer besseren Gerechtigkeit redet als von der, die man heute zu schaffen und anzuerziehen auf dem Wege ist. Ja diese neue, aus der die Öffentlichkeit beherrschenden Weltanschauung entspringende Gerechtigkeit, die neue Sicht dessen, wie die Welt zurechtkommen soll und wie wir mit dem Bösen und

---

zum Zusammenbruch 1945 als persönlicher Gefangener Hitlers ins KZ verbracht.

mit Gott fertigwerden, sie stellt sich selbst der überkommenen Predigt des Gesetzes entgegen als eine andere, bessere Gerechtigkeit. Stellte Jesus der Offenbarung am Sinai sein »Ich aber sage euch« entgegen, so stellt man heute den zehn Geboten und ihrer Auslegung durch Jesus zugleich ein neues »Ich aber sage euch« entgegen. War Jesu »Ich aber sage euch« ein Erfüllen der zehn Gebote, so ist das moderne »Ich aber sage euch« ein Auflösen der zehn Gebote Gottes. Wenn der Maßstab des Guten nicht der Wille Gottes ist, sondern allein der Wille des Volkes, dann verändern alle Gebote ihren Sinn. Dann bekommt das fünfte Gebot u.a. die Einschränkung, daß »lebensunwertes« Leben sehr wohl getötet werden darf und soll[3].

Und so wäre es heute wohl nötig, demgegenüber die heiligen zehn Gebote Gottes einfach und schlicht in ihrem wörtlichen Verständnis zu predigen. Und es wäre auch das fünfte Gebot auszulegen in seinem klaren, schlichten Sinn, daß es richtet jeden, der sein eigenes Leben schützen will, statt das Leben seines Bruders zu schützen; jeden, der kraft seiner Stärke das Recht des Schwachen mit Füßen tritt. Ich glaube, es ist die Schuld unserer Kirche, daß wir zu ängstlich und träge im nüchternen Predigen der zehn Gebote sind.

Aber doch gibt uns der Text heute eine andere Aufgabe. Jesus sagt uns: Es sei denn eure Gerechtigkeit besser als die der Schriftgelehrten und Pharisäer. Er stellt uns nicht gegen die Gerechtigkeit der Heiden, sondern gegen die Gerechtigkeit der Frommen, nicht derer, die rein nach dem innerweltlichen Nutzen und Erfolg fragen, sondern derer, die nach Gott fragen und nach seinem Willen. Die Pharisäer und Schriftgelehrten waren allerdings gerecht in dem Sinne, daß sie nicht töten, nicht die Ehe brechen, nicht

---

3 S. u. Anhang S. 95.

stehlen usw. Aber darin war ihre Gerechtigkeit klein, ja schlecht, daß sie sich selbst in ihrer Gerechtigkeit geschützt und gedeckt meinten vor dem Gericht Gottes; daß sie sich selber ins Gericht Gottes setzten und ihr Urteil fällten über die, die das Gesetz nicht hielten wie sie. Ihre Gerechtigkeit war schlecht darin, daß sie Raum ließ dem Zürnen und Schelten und Lästern, ja gewiß einem vermeintlich gerechten Zürnen und Schelten und Lästern. Ihre Gerechtigkeit war schlecht darum, weil das Verhältnis zum Nächsten völlig unabhängig war vom Verhältnis zu Gott; daß man meinte, sich mit Gott versöhnen zu können, ohne sich mit dem Nächsten zu versöhnen. Ihre Gerechtigkeit war eine schlechte Gerechtigkeit darum, weil sie aufs Recht pochten, als könnten sie in Gottes Karten und in Gottes Urteil über sie selber gucken.

Treffen uns da nicht Jesu Worte ins Zentrum unserer Sünde? Verstehen wir das fünfte Gebot so, daß uns der Bruder eine unbedingte Grenze setzt, daß auch unser Zürnen, Schelten und Lästern, auch unser vermeintlich gerechtes Zürnen und Schelten und Lästern, schon ein Morden, daß unsere Frömmigkeit, unser Beten und Zur-Kirche-Gehen gar nichts nützt, ja im Gegenteil eine Gotteslästerung ist, wenn ihr nicht voraufgeht das Versöhnen mit dem Bruder; die von uns ausgehende Versöhnung mit dem Bruder, der vielleicht zu Unrecht etwas wider uns hat? Verstehen wir das fünfte Gebot so, daß auch das Recht uns nicht mehr dem Bruder gegenüber wappnet, sondern wir Gott auch in Rechtsfragen das Urteil überlassen sollten und bei jedem Rechtshandel und Rechtsanspruch nicht vergessen sollten, daß Gottes Gerichte wunderbar und überraschend und die Rollen von Ankläger und Angeklagtem am jüngsten Gericht vielleicht gerade umgekehrt sind, als wir es jetzt für recht halten?

Jesus ruft uns hervor aus dem Versteck, das wir Freiheit

der Gefühle nennen. Wie vielfältig übertreten wir doch das
fünfte Gebot, indem wir keinem Menschen ein Haar
krümmen, aber mit Worten und – aus Feigheit – vor allem
in Gedanken voll Hasses und Zürnens und Giftes sind.
Darüber spricht Jesus sein Wort des Gerichts.

Und ebenso ruft er uns hervor aus dem Versteck, das wir
Frömmigkeit nennen; eine Frömmigkeit, die nicht das unbarmherzige Licht der Wahrheit, sondern ein Mantel des
Trugs und der Lüge ist, den wir über ganz dringend zu er-
ledigende Dinge unseres Lebens hängen.

Und ebenso ruft er uns schließlich hervor aus dem Versteck, das wir unser gutes Recht nennen. Freue dich nicht,
wenn du *hier* recht behältst. Bange darum, ob du *dort* recht
behältst.

Jesus ruft uns aus all den Verstecken hervor, die uns davor sichern sollen, Gottes Willen ganz, radikal zu tun. Jesus nimmt uns jede Gerechtigkeit, die *unsere* Gerechtigkeit, die ein Anspruch vor Gottes Thron sein könnte. Er
schenkt uns dagegen seine Gerechtigkeit, die Gerechtigkeit
des Kreuzes, des Sich-Hingebens in die Gnade Gottes, die
Gerechtigkeit der Taufe, die ein Sterben in dieser Welt und
ein Neugeborenwerden zu einem ganz neuen Leben ist.
Freilich, wo es nach dieser Auslegung des fünften Gebotes
durch Jesus geht, sieht es in der Welt, sieht es gerade in der
Christenheit merkwürdig aus.

Wenn jeder, der einem Menschen zürnt, vors Landge-
richt, der Scheltwörter gebraucht, vors Reichsgericht
kommt, wenn jeder, der, obwohl unversöhnt mit diesem
oder jenem, dennoch zur Kirche kommt, umkehren muß,
wenn jeder, der einen Prozeß führt, ihn zuvor abbricht und
sich mit seinem Gegner ausgleicht, – was wäre das für eine
Welt!

Wir haben kein Recht zu sagen: Das ist unmöglich. Wir
haben Jesu Wort als sein Wort stehen zu lassen. Wir haben

nicht zu sagen: unmöglich, sondern wir haben zu hören auf die ganze Strenge des Gerichts: Der ist des höllischen Feuers schuldig; der wird nicht herauskommen, bis er auch den letzten Heller bezahlt; der wird nicht in das Reich Gottes kommen. Und wollen zugleich hören die ganze Herrlichkeit seiner Verheißung: Der wird nicht in das Gericht kommen, der wird des Reiches Gottes teilhaftig.

Was sind das für Aussichten! Laßt uns darum Gott mehr fürchten als alle Welt! Ob die Welt dann nicht eher merkt, daß es uns wirklich um ihn allein zu tun ist, eher als wenn wir seinen Willen nur halb tun?

Und so gebe Gott, daß auch unser Wort heute nicht getötet hat, sondern das Leben gibt jedem, der da glaubt. Amen.

Anhang

K. D. Erdmann (s.o. S. VI) 111f: »... das sogenannte Euthanasieprogramm [ist] in engem Zusammenhang mit der Vernichtung des Judentums zu sehen. Der Name ist insofern irreführend, als es sich hierbei um eine Massentötung handelt und nicht um individuelle Hilfe, die dem Sterbenden gewährt wird ... und deren Maß und Erlaubtheit ein ernstes Problem der ärztlichen Ethik darstellt. Man spricht daher richtiger nicht von Euthanasie, sondern von Lebensvernichtung. Das Programm der Lebensvernichtung war die Kriegskonsequenz aus dem Gesetz erbkranken Nachwuchses. Im Unterschied zu diesem erhielt es jedoch ebensowenig wie die Kindertötung eine gesetzliche Grundlage. Es beruhte lediglich auf einem an den Leiter der Kanzlei des Führers, Bouhler, und an den Begleitarzt Hitlers, Brandt, gerichteten Führererlaß vom Oktober 1939, zurückdatiert auf den 1. September, den Tag des Kriegsbeginns. Hierin ordnete Hitler an, ›die Befugnisse namentlich zu bestimmender Ärzte so zu erweitern, daß nach menschlichem Ermessen unheilbaren Kranken bei kritischer Beurteilung ihres Zustandes der Gnadentod gewährt werden kann‹. Zu den Kriterien gehörte zufolge den durch die Tarnorganisation ›Reichsarbeitsgemeinschaft Heil- und Pflegeanstalten‹ verschickten Fragebo-

gen neben den eigentlichen Krankheitsmerkmalen auch ›Arbeitslei-
stung‹ und ›Rasse‹. Die nach einer lediglich anhand der Fragebogen
vorgenommenen Begutachtung zur Tötung bestimmten Kranken
wurden durch eine weitere Tarnorganisation, die ›Gemeinnützige
Krankentransportgesellschaft GmbH‹, zunächst zum Zweck der Ver-
schleierung gegenüber den Angehörigen in eine Durchgangsanstalt,
von dort in eine der sechs Tötungsanstalten gebracht. Diese waren mit
Vergasungsanlagen und Krematorien ausgestattet. Gerüchte von dem,
was in diesen Anstalten vor sich ging, drangen in die Öffentlichkeit
und verursachten eine erhebliche Beunruhigung in der Heimat und in
der Truppe. Einige Kirchenführer wie namentlich Graf v. Galen, der
Bischof von Münster, und der württembergische Landesbischof
Wurm erhoben mutig ihre Stimme zum Protest. In einer Predigt in der
Lamberti-Kirche zu Münster am 3. August 1941 sagte v. Galen: ›Wenn
einmal zugegeben wird, daß Menschen das Recht haben, »unproduk-
tive« Menschen zu töten, und wenn es jetzt zunächst auch nur arme,
wehrlose Geisteskranke trifft, dann ist grundsätzlich der Mord an allen unproduktiven Menschen, also an den unheilbar Kranken, den ar-
beitsunfähigen Krüppeln, den Invaliden der Arbeit und des Krieges,
dann ist der Mord an uns allen, wenn wir alt und altersschwach und
damit unproduktiv werden, freigegeben.‹ Pastor v. Bodelschwingh,
der Leiter der evangelischen Inneren Mission in Bethel, wehrte sich
mannhaft gegen die Aktion und erreichte, daß seine Kranken ver-
schont blieben. Aufgrund solchen Widerstandes wurde Ende 1941 die
Aktion angehalten, ohne jedoch vollständig eingestellt zu werden. In
manchen Anstalten wurde eine ›wilde Euthanasie‹ weiter praktiziert.
Die Gesamtzahl der Opfer wird auf 80000 bis 100000 geschätzt. Die
Vergasungsapparaturen der Tötungsanstalten wurden zur Weiterver-
wendung in Judenvernichtungslager überführt.« – Unter diesen Hin-
weisen fehlt die »Denkschrift für Adolf Hitler vom 9. Juli 1940 von
Paul Gerhard Braune. Betrifft: Planmäßige Verlegung der Insassen
von Heil- und Pflegeanstalten«. Abgedr. in: Berta Braune, Hoffnung
gegen die Not. Mein Leben mit Paul Braune 1932–1954. R. Brockhaus
Verlag Wuppertal 1983, 130–141 Anlage 2. Ebda. 129 Anlage 1: zur
Einreichung der Denkschrift; 61–72: zur Entstehung nach der Dar-
stellung von Paul Braune (1947); 74–80: zur Verhaftung Paul Braunes
durch die Gestapo im Gefolge der Denkschrift. – Vgl. die nächstfol-
gende Predigt.

»... daß ihr nicht jemand von diesen Kleinen verachtet!«

Predigt bei einer Urnenbeisetzung in Berlin-Hermsdorf am 17. Juli 1940

Ein Ehepaar, das meiner Gemeinde nicht angehörte, aber in einer Extremsituation Vertrauen zu mir faßte, setzte mich Ende Juni 1940 von einer erschütternden Nachricht in Kenntnis, die es selbst erst auf eine telefonische Anfrage vom 27. Juni hin erfahren hatte. Der Sohn Günter Rottmann (Jahrgang 1906), der sich schon seit längerem in der Pflegeanstalt Buch b. Berlin befand, nun aber ohne Wissen der Eltern am 10. Juni von dort nach der Landesanstalt Hartheim b. Linz verlegt worden war, sei am 23. Juni verstorben. Erst nach einiger Zeit folgte die schriftliche Mitteilung in der üblichen Form (ein Beispiel bei P. Braune [s.o. S. 95] 65 abgedruckt) mit der Bereitschaftserklärung, die Urne auf Wunsch kostenlos zuzusenden. Diese erste mir zur Kenntnis gekommene Information über einen Fall der »Tötung lebensunwerten Lebens« im Rahmen der »Euthanasie-Aktionen« ging in knapper allgemeiner Form sogleich in meine nächste Predigt (s.o. S. 92) ein. Die an mich gerichtete Bitte der Leidtragenden, ich möchte bei der Urnenbeisetzung öffentlich sprechen, war ich selbstverständlich zu erfüllen bereit. Die bis dahin (17. Juni) noch bestehende Frist nutzte ich zur Sammlung weiterer Nachrichten über entsprechende Tötungsfälle. Ich ließ mir Namen und Anschriften gleichfalls Betroffener geben – durch die früheren Anstaltsbesuche waren unter den Angehörigen der Patienten Bekanntschaften entstanden – und suchte diese kreuz und quer durch Berlin auf, um Informationsmaterial zu sammeln, das ich umgehend persönlich dem Leiter der Hoffnungstaler Anstalten in Lobetal b. Berlin, Pastor Paul

Gerhard Braune, übergab. Durch Instanzen der Bekennenden Kirche war ich darüber in Kenntnis gesetzt, daß er eine diesbezügliche Denkschrift vorbereitete, die über die kirchlichen Organe in der Reichskanzlei eingereicht werden sollte (s.o. S. 96). In Braunes sehr detaillierter Denkschrift ist der Fall Günter Rottmann als einziger namentlich und relativ ausführlich erwähnt samt einem Hinweis auf mehr als zehn Todesnachrichten in kurzer Zeit (B. Braune [s.o. S. 96] 137; vgl. auch die Erwähnung von Berlin-Hermsdorf, ebda. 133).

Sehet zu, daß ihr nicht jemand von diesen Kleinen verachtet. Denn ich sage euch: Ihre Engel im Himmel sehen allezeit das Angesicht meines Vaters im Himmel.

Mt 18,10

Die Finsternis dieser Stunde, in der Ihr die Asche Eures Sohnes und Bruders der Erde übergeben müßt, ist sehr groß. Wenn einer alt und lebenssatt stirbt, so ist der Schmerz gedämpft, weil das Leben hat ausreifen können und nun wie Garben eingeführt wird zu seiner Zeit. Bringt einer sein Leben in hingebendem Dienst als Mutter oder im Beruf oder als Soldat zum Opfer dar, so hilft uns über die Trauer das Bewußtsein hinweg, daß der Tod sinnvoll war. Stirbt einer nach langer Krankheit oder auch unerwartet schnell, aber doch in unserer Nähe, so daß wir ihm bis zuletzt Liebe schenken und Gemeinschaft mit ihm haben durften, vielleicht sogar, was heute so selten ist, christliche Gemeinschaft in gemeinsamer Zurüstung auf das Sterben durch Gebet und Empfang des heiligen Mahles, dann geht von solchen Abschiedsstunden an Sterbebetten ein Friede aus, der das Dunkel des Todes verklärt. Aber bei dem Verlust, der Euch so plötzlich und gänzlich unerwartet, wirklich wie ein vernichtender Blitz aus heiterem Himmel getroffen hat, fehlen alle diese menschlichen Trostgründe. Und das Wort, das man Euch schrieb, daß dieser Tod Eu-

ren lieben Sohn vor einem lebenslänglichen Aufenthalt in
einer Anstalt bewahrt habe und daß darum diese Gewißheit Euch zum Trost gereichen möge, hat Euch nicht über-
zeugt, sondern die Finsternis dieses Sterbens in weiter Ferne, ohne daß Ihr auch nur Näheres wüßtet von seinen letzten Tagen und Stunden, nur um so dunkler gemacht. Das
ist die Tiefe der Finsternis, die anfechtende Frage: Ist denn
das nun Gottes Wille gewesen? Und wenn es nach dem
Prophetenwort geht: »Ist auch ein Unglück in der Stadt,
das der Herr nicht tue?«[1] – wie ist dann hier Gottes Wille
und Gottes Tun so dunkel, so schwarz wie die finsterste
Nacht! Wie hat er sich hier so unbegreiflich verborgen hinter einem undurchschaubaren Geschehen, undurchschau-
bar ebenso für unsere irdischen Augen wie für die Augen
des Glaubens.

Welches Leben hat denn mit diesem Tod ein Ende gefun-
den? Dieser Sohn wurde Euch als erstes Kind geschenkt,
war Euch ein Erweis der Freundlichkeit unseres segnenden
und lebenschaffenden Gottes. Ihr habt ihn zur Taufe gebracht, damit sein Leben nicht stehe auf den in ihm ange-
legten eigenen Kräften, sondern durch die Wiedergeburt
auf dem Grunde der Gnade Gottes. Ihr hattet an ihm die
Freude an einem begabten Menschen, der nicht bloß sich
selber lebte mit seinen Gaben und Fähigkeiten, sondern
der den Drang in sich fühlte, sich aufzuopfern im Dienst
für eine Idee, im Dienst für andere. So begeisterte er sich
schon früh für die neue politische Bewegung und hat dieser
Begeisterung wohl auch einen Teil seiner Gesundheit zum
Opfer gebracht. Und dann kam mit der Krankheit viel
Leid über Euch. Aber mit dem großen Leid vertiefte sich
nur die Liebe – die Liebe, die wie die Liebe Gottes sich am
Verlorenen entzündet und über dem einen verlorenen

---

1 Am 3,6.

Schaf die 99 anderen zurückläßt, um das eine zu suchen
und auf die Arme zu nehmen, es zu pflegen und seiner sich
zu freuen. So eigen ist es ja um die Liebe Gottes, daß sie
nicht den liebt, der seiner Liebe besonders würdig ist, sondern den, der ihrer besonders bedürftig ist. Ein Abglanz
dessen ist auch die rechte Elternliebe. So waren doch gerade die mit viel Sorge und Leid belasteten Jahre für Euch
voll von reicher Bewährung dieser Elternliebe und zuletzt
auch von großem Trost, als Ihr zusammen mit Euerm Sohn
hoffen durftet, daß sich alles wieder zum Guten wende.
Und dann kam plötzlich die Trennung ohne die Möglichkeit eines Abschiednehmens, eine bange, quälende Ungewißheit über den Verbleib des Kranken 16 Tage lang, dann
die harte Mitteilung des schon vier Tage zurückliegenden
Todes und schließlich die Zusendung der Asche als des einzigen, was Euch an Sichtbarem verbleibt von dem mit großer Liebe und großen Opfern, mit großem Leid und großen Hoffnungen von Euch getragenen Leben.

Nun aber sind wir hier nicht beisammen, um zu grübeln
über das Geschehene, sondern uns wird in unsere Finsternis und unser Grübeln hinein Gottes Wort gesagt, wie es
uns aus Jesu Mund im 18. Kapitel des Matthäusevange-
liums zugesprochen wird: »Sehet zu, daß ihr nicht jemand
von diesen Kleinen verachtet. Denn ich sage euch: Ihre
Engel im Himmel sehen allezeit das Angesicht meines Vaters im Himmel.« Damit werden wir aufgefordert: Nun
laßt einmal all Euer Grübeln und hört, was Jesus Christus
darüber denkt. Schließt Eure Augen mit ihrer Sicht der
Dinge und laßt Euch zeigen, wie Jesus Christus die Sache
ansieht. Zerarbeitet Euch nicht daran, wie Ihr damit fertig
werden sollt, sondern laßt Euch sagen, wie Jesus Christus
damit fertig wird.

»Kleine« im Sinne des Wortes Jesu sind alle die, die vor
der Welt nichts gelten, die man beiseite drückt, über die man

hinwegschreitet, nach denen man nicht fragt. »Klein« sind die hilflosen Kinder, »klein« sind die schutzlosen Witwen und Waisen, »klein« sind auch die, wie man sagt, lebensunwerten Kranken, »klein« sind auch die, die die Welt verachten um ihres Glaubens willen, »klein« sind die Jünger Jesu, »klein« sind die Christen, die ihrem Herrn nachfolgen; denn für klein, ja für nichts geachtet war ja Jesus selbst, den man wie ein Schaf zur Schlachtbank führte. Das ist also eine große Familie: die Kinder und die Rechtlosen und die Kranken und die Christen und Jesus selber, er, unser Bruder, der uns »Kleine« alle miteinander zu Brüdern gemacht hat.

Nun brauche ich nicht viel davon zu reden, wie die Welt diese »Kleinen« verachtet. Der Verstorbene könnte wohl ein Klagelied darüber singen. Und mancher von uns auch. Davon jedoch muß ich reden und zeugen: daß Jesus für diese Kleinen, für uns Kleine eintritt: »Sehet zu, daß ihr nicht jemand von diesen Kleinen verachtet.« Jesus tritt auf die Seite des schwachen, kranken, schutzlosen Lebens. Nicht bloß mit Worten und Sympathieerklärungen, sondern mit der Tat. Er heilte die Kranken, er schenkte den verachteten und ausgestoßenen Sündern seine Liebe und Gemeinschaft. Er geißelte wie die Propheten des Alten Testamentes das Unrecht als Unrecht und die Sünde als Sünde. Und er hat dieses sein Tun auch als Auftrag weitergegeben an seine Jünger, an die Christen, an die Kirche. So haben auch wir heute dadurch das Werk Christi mitten in unserer Welt zu bezeugen, daß wir nicht jemand von diesen Kleinen verachten, daß wir nicht die verlassen, die Christus angenommen hat und für die er gestorben ist, sondern daß wir mit Liebe und Opfer uns halten zu den Kranken und Schwachen und Rechtlosen, daß uns durch Christi Wort auch der groß werde und in einem neuen Licht erscheine, der von der Welt als klein verachtet und nun hier als Asche in der Urne vor uns liegt.

Damit wir diese neue Sicht der Welt mit Christi Augen,
die das Kleine groß und das Große klein macht, wirklich
mit Gewißheit und Fröhlichkeit teilen, dazu sagt uns Jesus
Christus noch etwas ganz Wunderbares: »Ihre Engel im
Himmel sehen allezeit das Angesicht meines Vaters im
Himmel.« Das heißt: Jeder ist als der, der er ist, beachtet
von Gott. Jeder hat als einer, der sich die Barmherzigkeit
Gottes gefallen läßt, Zugang zum Vater und Schutz beim
Vater und Frieden beim Vater. Die Engel, von denen die
Schrift sagt, daß sie als »dienstbare Geister ausgesandt sind
um derer willen, die ererben sollen die Seligkeit«[2], sie sind
Gottes unsichtbare Diener, die auch uns Kleinen zu Dien-
sten sein müssen und alle Not, die sie an uns sehen, Gott
anzeigen, und alle Tränen, die wir weinen, zu Gott tragen.

Gott kümmert sich um das Kleine. Und er ist bekümmert, wenn das Kleine verachtet wird. Seid gewiß, er duldet nicht die Verachtung des Kleinen. Er bekennt sich zu
den Kleinen zu seiner Zeit. Und wenn wir dieses Bekenntnis Gottes zu den Kleinen, Schwachen und Kranken hier
auf dieser Erde vermissen, dann wird er schon seine guten
Gründe dafür haben, damit er sich um so herrlicher zu den
Kleinen bekennt in der Auferstehung der Toten. Verachtet
Gott das Kind nicht und den Kranken nicht und den
Rechtlosen nicht, wieviel weniger verachtet er den Toten
und die Asche. Ist Christus, sein eigener Sohn, auferstanden von den Toten, so glauben wir, daß wir auch mit ihm
leben werden – in einem Leben, das alle Finsternis ins
Licht der unbestechlichen Wahrheit Gottes stellen wird, in
die Klärung des großen Gerichts. Darauf harren wir. Und
wenn wir daran wirklich glauben, dann können wir uns
auch darauf freuen. Amen.

---

2 Hebr 1,14.

»... welchen Bund sie nicht gehalten haben«

Predigt in Berlin-Hermsdorf am 11. Oktober 1942
(19. So. nach Trin.)

Nach dem deutschen Angriff auf die Sowjetunion am 22. Juni 1941 und der Kriegserklärung Deutschlands an die U.S.A. am 11. Dezember 1941 bringt das Jahr 1942 unverkennbar die Kehre. K. D. Erdmann (s.o. S. VI) 91: »Im Herbst 1942 beherrschen die deutschen Waffen ein weiteres Gebiet als je zuvor in der Geschichte.« Stalingrad (angegriffen ab 23. Juli 1942) wird zum Hauptsymbol der Wende des Krieges (Kapitulation der deutschen Truppen am 1. Februar 1943).

Siehe, es kommt die Zeit, spricht der Herr, da will ich mit dem Hause Israel und mit dem Hause Juda einen neuen Bund machen;

nicht, wie der Bund gewesen ist, den ich mit ihren Vätern machte, da ich sie bei der Hand nahm, daß ich sie aus Ägyptenland führte, welchen Bund sie nicht gehalten haben, und ich sie zwingen mußte, spricht der Herr;

sondern das soll der Bund sein, den ich mit dem Hause Israel machen will nach dieser Zeit, spricht der Herr: Ich will mein Gesetz in ihr Herz geben und in ihren Sinn schreiben; und sie sollen mein Volk sein, so will ich ihr Gott sein;

und wird keiner den andern noch ein Bruder den andern lehren und sagen: »Erkenne den Herrn«, sondern sie sollen

*mich alle kennen, beide, klein und groß, spricht der Herr.
Denn ich will ihnen ihre Missetat vergeben und ihrer
Sünde nimmermehr gedenken.*

Jer 31,31–34[1]

Was sagt dieses Wort Gottes aus dem Munde des Propheten Jeremia uns, die wir nicht Juden, sondern Christen,
nicht Glieder des alten, sondern Glieder des neuen Bundes
sind?

Doch gewiß zunächst dasselbe, was es den Zeitgenossen
des Jeremia sagte, ebenso unerbittlich und frei von allen Illusionen: Ihr habt den Bund Gottes gebrochen!

Durchblättert man einmal die zurückliegenden Taufre-
gister einer Gemeinde, etwa der Hermsdorfer Pfarrei, und
fragt heute nach dem Leben derer, die da verzeichnet stehen, – müßte nicht quer fast über alle Seiten ein dicker
Strich gezogen und dazu geschrieben werden: welchen
Bund sie nicht gehalten haben!?

Oder sieh dich nach den Konfirmierten auch nur eines
Jahrgangs um, z.B. deiner Mitkonfirmierten, ruf dir den
Augenblick ins Gedächtnis, wo ihr vor dem Altar gelobtet,
den Weg des Glaubens zu gehen, und verfolge die Wege,
die darauf von Stund an beschritten wurden und die doch
alle einmal irgendwie vor Gottes Thron sich wiederfinden,
– wie wenige wird *nicht* das Urteil treffen: welchen Bund
sie nicht gehalten haben!?

Gehe hinein in die Häuser, etwa nur der Straße, in der du
wohnst, und besuche die Ehen, die christlich geschlossen
wurden. Nicht erst der in die verborgensten Geheimnisse
dringende Blick Gottes, sondern schon dein an der Ober-

---

1 Alttestamentliche Lektion am 1. Sonntag des Advents. Die Voraus-
nahme dieser Perikope erfolgte wohl mit Rücksicht auf die Abendmahlsfeier.

fläche bleibendes Menschenauge sieht über so viel Un-
christlichkeit, Unheiligkeit, Unfrieden und Zerrüttung
mannigfach das harte Wort bestätigt: welchen Bund sie
nicht gehalten haben!

Befrage das Neue Testament nach dem, was Gemeinde
Jesu Christi ist, und halte daneben das Bild dessen, was wir
heute Gemeinde zu nennen pflegen, diesen unorganischen
Haufen teils willenloser, teils unwilliger Kirchensteuer-
zahler: Ist es nicht eine blasphemische Karikatur der Gemeinde Jesu Christi, wozu nur die Unterschrift paßt: welchen Bund sie nicht gehalten haben!?

Ich habe auch die Kartei der roten Karten unserer Bekennenden Gemeinde durchgesehen, auf denen jeder von
neuem ausdrücklich gelobt hat, sich zum Worte Gottes
und zum Tisch des Herrn zu halten und ein christliches
Leben zu führen, für die Erneuerung der Kirche zu arbeiten und wider jede Verfälschung des Evangeliums, gegen
Gewalt und Gewissenszwang im Raum der Kirche ent-
schlossen zu kämpfen[2]. Und ich fand nicht wenige, deren
Unterschrift am besten zerrissen würde mit dem Bemer-
ken: welchen Bund sie nicht gehalten haben!

Und dann denkt an unser Volk und an alles, was ihm
durch das Evangelium, das ihm so klar wie kaum einem
andern gepredigt worden ist, geschenkt wurde, und er-
kennt, was heute daraus geworden ist, – trifft uns aus Jeremias Mund nicht das gleiche Urteil wie die Juden: »Dies ist
das Volk, das den Herrn, seinen Gott, nicht hören noch
sich bessern will. Der Glaube ist untergegangen und ausge-
rottet von ihrem Munde.«[3] Hat uns nicht darum Gott wie
einst den Jeremia dazu berufen, eine eherne Mauer zu sein

2 S. u. Anhang S. 113.
3 Jer 7,28.

wider Volk und Obrigkeit[4] mit dem anstößigen Zeugnis: welchen Bund sie nicht gehalten haben!?

Ja, ist nicht das ganze sogenannte christliche Abendland in dem Krieg, in dem es sich jetzt zerfleischt und in dem die einen die Gottlosen und die andern die Götzenanbeter gegeneinander zu Hilfe rufen, der erschütterndste Kommentar zu dem Wort: welchen Bund sie nicht gehalten haben?

Und wer ist von diesem Urteil ausgenommen? Etwa du und ich? Willst du angesichts des furchtbaren Bundesbruchs der Christenheit hintreten und sagen: Ich, ich habe den Bund gehalten? Auch wir, gerade wir können nur so mit Gott im Bunde bleiben, daß wir hintreten, nein hinknien, nein vor ihm uns in den Staub werfen und bekennen: Wir, wir, nein ich, ich habe deinen Bund freventlich gebrochen. Es ist wahrhaftig keine erbauliche Übertreibung, sondern nüchterne Erkenntnis der Wirklichkeit, wenn ich mich vor Gott als armen, elenden, sündigen Menschen erkenne, der Gott erzürnt und seine Strafe zeitlich und ewiglich verdient hat.

Wodurch habe ich denn den Bund Gottes gebrochen? Wir denken da zu leicht nur an die von Gott gesetzten Ordnungen und Gebote, die mich an meinen Mitmenschen binden: ob ich einem mein Wort gebrochen oder einem andern die Treue gebrochen oder gar die Ehe gebrochen habe. Und durch dieses »oder gar« suche ich mir die Frage nach meinem, gerade meinem Bundesbruch leicht zu machen. Aber was heißt hier »oder gar«? Wäre denn etwa Ehebruch wirklich die böseste Weise, den Bund, den Gott mit mir in der Taufe geschlossen hat, zu brechen? Meine Lieben, allerdings schon allein ein Wortbruch oder Treubruch gegenüber einem Mitmenschen ist Zeichen eines heillosen Christenstandes und zerbricht nicht nur die

---

4　Jer 1,18 15,20.

Gemeinschaft mit Menschen, sondern mit Gott selbst.
Und so gibt es allerdings wohl kaum ein böseres Zeichen
eines heillosen Christenstandes und des Bundesbruchs
Gott gegenüber, als wenn ein Ehegatte dem andern die
Ehe bricht. Aber verwechseln wir doch nicht das sichtbare
Symptom einer Krankheit mit dem unsichtbaren, dem
Auge gar nicht erkennbaren Bazillus und Krankheitser-
reger selbst. Der ist weit böser als das böseste Symptom.
Darum ist unvergleichlich viel schlimmer als Wortbruch
und Treubruch oder Ehebruch – ja wirklich weit schlimmer auch als Ehebruch – der Bundesbruch Gott gegenüber, ganz gleich, ob vor Menschenaugen die Auswirkungen dessen sichtbar werden oder nicht. Und was ist dieser
vor dem menschlichen Auge verborgene Krankheitskeim,
der Bazillus in uns, der Bundesbruch Gott gegenüber, die
Wurzel aller Durchbrechungen der Gebote und Ordnungen? Es ist etwas, was wir weniger als Sünde denn als
bloße Schwäche, weniger als Schuld denn als bloßen Mangel anzusehen pflegen und was wir am einfachsten vielleicht so bezeichnen können: daß wir Gott zu wenig, und
das heißt im Grunde: daß wir Gott nichts zutrauen. Wenn
ich Gott nicht zutraue, daß er den Bund, in den er mich
durch die Taufe aufgenommen hat, ernst nimmt und daß
er zu seinem Worte steht und es auch wirksam und macht-
voll an mir erweist, daß mich Gott also mehr liebt als ein
Vater sein Kind, mehr mich schützt als ein Mensch seinen
Augapfel, wenn ich ihm das nicht zutraue, dann habe ich
bereits meinerseits den Bund gebrochen und habe eine
Sünde begangen schlimmer als Ehebruch, wenn nicht eben
auch im Ehebruch keine andere Ursache wirksam wäre als
eben dieses mangelnde Zutrauen Gott gegenüber. Wenn
dich darum diese oder jene Sünde drückt, so bleibe nicht
bei der Klage stehen: O weh, daß ich dies getan, o weh,
daß ich jenes unterlassen habe, sondern sage: O weh, daß

ich Gott nichts zugetraut habe. Und ehe du sagst: Ich will
dies wieder gut machen und von jener bösen Gewohnheit
lassen, sage dies andere: Ich will wieder anfangen, Gott
viel, ja alles zuzutrauen. Dann stehst du an der Quelle, aus
der heraus dein Leben im Bunde mit Gott geheiligt wird.

Wie empfindlich sind wir doch mit Recht, wenn einer
ein Stück Brot verderben und umkommen läßt. Aber wie
unvergleichlich empfindlicher sollten wir sein, wenn einer
die Gaben, die Gott in der Taufe uns anvertraut, vergeudet:
seine Vergebung, seine Zusagen, sein Wort, seinen Sohn,
Gott selbst. Wer heute Lebensmittel vergeudet, kommt ins
Gefängnis. Aber daß wir heute in der Christenheit die Lebensmittel, die uns zum ewigen Leben nähren und erhalten
sollen, in so leichtfertiger Weise vergeuden, das Wort und
die Sakramente, darüber sehen wir heute nur wenige erregt. Kein Wunder: Auch Jeremia stand zu seiner Zeit mit
dieser Erregung so gut wie allein da.

So verstehen wir die Stimme des Gerichts in seinen Worten »welchen Bund sie nicht gehalten haben«. Sie gilt uns,
ob wir gleich Christen und nicht Juden, Glieder des neuen
und nicht des alten Bundes sind.

Doch dies ist wirklich das Geringere in unserm Text.
Verstehen wir auch das weit Größere, die Zusage und Verheißung? »Sondern das soll der Bund sein, den ich mit dem
Hause Israel machen will nach dieser Zeit, spricht der
Herr: Ich will mein Gesetz in ihr Herz geben und in ihren
Sinn schreiben; und sie sollen mein Volk sein, so will ich
ihr Gott sein; und wird keiner den andern noch ein Bruder
den andern lehren und sagen: ›Erkenne den Herrn‹, sondern sie sollen mich alle kennen, beide, klein und groß,
spricht der Herr. Denn ich will ihnen ihre Missetat vergeben und ihrer Sünde nimmermehr gedenken.«

Man möchte angesichts dieser Verheißung geradezu
wünschen: Ach, wären wir Juden und nicht Christen, wä-

ren wir noch Glieder des alten Bundes und nicht schon Glieder des neuen Bundes! Dann bestünde doch für uns noch eine Hoffnung. Dann könnten wir uns auf die kommende Zeit ausstrecken. Dann hätten wir noch etwas Großes zu erwarten. Dann würde die Hoffnung auf den neuen Bund den Jammer über den fortgesetzten Bruch des alten Bundes überbrücken. Wie herrlich wäre für uns und unsere Kirche eine solche Hoffnung auf einen totalen Neuanfang, der auf einer neuen Offenbarung, einer neuen Bundessetzung Gottes beruhte.

Aber das Große, das Jeremia erwartet, liegt für uns nicht voraus, sondern hinter uns, nicht in der Zukunft, sondern in der Vergangenheit, ist für uns nicht Gegenstand der Erwartung, sondern der Erinnerung. Gott hat in Jesus Christus einen neuen Bund gemacht, in den er den alten Bund vom Sinai aufhob. Und der Bund, den wir als Christen gebrochen haben, ist nicht der alte, sondern eben der neue Bund; eben der Bund, in dem Gott sein Gesetz in unser Herz und Sinn schrieb – und siehe, wir haben es doch verstanden, es uns aus Herz und Sinn zu schlagen; der Bund, in dem wir sein Volk sein sollen und Gott unser Gott sein will – und siehe, die Gemeinschaft wurde doch wieder zerrissen; der Bund, in dem keiner den andern zur Gotteserkenntnis führen müßte, sondern alle ihn erkennen sollten – und siehe, die Zahl der Christen, die Gott nicht erkennen, ja keine Ahnung von Gott haben, ist unendlich groß; der Bund, in dem Vergebung geschenkt wurde – und siehe, es wurde wieder gesündigt, wohl gar auf Vergebung hin gesündigt!

Ist da noch Hoffnung für uns Christen? Nein, liebe Brüder und Schwestern, keine Hoffnung, so wie sie Jeremia haben konnte, keine Hoffnung auf einen nochmals neuen Bund, nachdem wir auch den neuen durch unsern Bruch verdorben und alt gemacht haben. Wir Christen haben kei-

nen Grund, auf einen totalen Neuanfang in dieser Zeit zu
warten. Wir Christen haben keinen Grund, uns große
Hoffnungen von der Zukunft zu machen, daß da Gott
noch einmal die Kirche auf einen ganz neuen Grund stellte
und noch einmal mit ganz neuen Mitteln ganz neue Menschen schüfe. Wer aus dem neuen Bund ausgebrochen ist,
hat keine Hoffnung mehr. Darum wiegt der Bundesbruch
im neuen Bund so unendlich viel schwerer als der Bundesbruch im alten Bund.

Nur die eine Hoffnung bleibt: daß Gottes Treue größer
ist als unsere Untreue, daß Gott fester an uns hält als wir an
ihm, daß Gott den Bund, den wir brachen, nicht bricht,
daß Gott uns wieder einfügt in den einen, einzigen und
letzten Bund, den er gesetzt hat in Jesus Christus. Die
Hoffnung, die der bundesbrüchigen Christenheit bleibt,
ist nicht die Hoffnung auf das, was Gott noch einmal Großes tun wird, sondern allein auf das, was Gott Großes getan hat. Die Christenhoffnung läuft nicht schwärmerisch
in die Zukunft: daß Gott noch einmal bessere Zeiten gibt,
wo es wieder leichter und ungefährlicher wird zu glauben,
wo noch einmal der Christenheit Erfolg und Sieg beschie-
den sein wird. Die Christenhoffnung läuft zurück zu dem
einen Sieg, der errungen ist, läuft zurück zu dem letzten
Wort, das gesprochen ist, läuft zurück zu Jesus Christus.
Arme Christenheit, die da meint, über den Jammer der
Gegenwart sich mit Hoffnungen auf die Zukunft trösten
zu müssen. Reich ist allein die Christenheit, der die Herrlichkeit dessen, was Gott in Christus getan hat, den Jammer der Gegenwart und alle Sorgen oder Hoffnungen in
bezug auf die Zukunft überstrahlt.

Von der Zukunft können und dürfen wir Christen wirklich nichts anderes erwarten, als was wir jetzt bereits haben
durch Jesus Christus. Uns wird kein anderer Heiland
kommen, als der gekommen ist. Uns wird kein anderes

Bundesgesetz gegeben als der Wille Christi. Uns wird kein anderes Bundeszeichen gegeben als seine heiligen Sakramente. Uns wird keine größere Gabe zuteil als seine Gegenwart. Wir haben Christus. Wir haben sein Wort. Wir haben die Taufe. Wir haben das Abendmahl. Wir haben die Gemeinde. Was wollen wir mehr? Und wenn noch einmal der Christenheit große Dinge geschenkt werden sollten: Erweckung, Erfolge und Siege – das alles verblaßt vor dem, was auch dann wie jetzt das einzig Große sein wird: Christus, sein Wort, seine Sakramente, seine Gemeinde. Und wenn es noch finsterer werden sollte: Christus, sein Wort, seine Sakramente, seine Gemeinde, leuchten dann nur um so heller.

So braucht die bundesbrüchige Christenheit nicht auf ungewisse Zukunft und ungewisse Ereignisse zu warten, um heil zu werden. Sie braucht nur zurückzukehren zu dem, was ihr gegeben ist, und dem, was ihr gegeben ist: Christus, dem Wort, den Sakramenten, der Gemeinde, alles zuzutrauen.

Es mag zwar leichter scheinen, auf ungewisse Zukunft zu hoffen, als in dem, was uns in Christus gegeben ist, die Fülle aller Hoffnung gegenwärtig zu glauben. Es mag leichter scheinen, in einer idealen, nach innen und außen unangefochtenen Kirche den neuen Bund verkörpert zu sehen als in der Abendmahlsfeier einer Notgemeinde.

Aber es gibt in der Tat nichts, was uns in die Wirklichkeit des neuen Bundes kräftiger versetzte als die Feier des heiligen Abendmahls. »Das ist das Blut des neuen Testaments, welches für euch und für viele vergossen wird zur Vergebung der Sünden.« Die Einsetzung des Abendmahls ist die Einsetzung des neuen Bundes. Und die Gemeinde des neuen Bundes ist Abendmahlsgemeinde. Und in der Abendmahlsgemeinde erfahren wir auch die Wirklichkeit dessen, was Jeremia vom neuen Bund sagt.

Der Abendmahlsgemeinde schreibt Christus sein Gesetz in Herz und Sinn. Das heißt: Hier formt er sich Menschen nach seinem Bilde. Hier haben wir immer und immer wieder teil an der Wirkung der Taufe, teil am Sterben und Auferstehen Christi.

In der Abendmahlsgemeinde ist Gemeinschaft zwischen Gott und seinem Volk wunderbare Wirklichkeit. Da sind wir sein Volk und da ist er unser Gott.

In der Abendmahlsgemeinde waltet der heilige Geist, der alle zu Priestern weiht, daß kein Bruder den andern lehren und zur Erkenntnis Gottes rufen muß, sondern da ist jeder unmittelbar zu Gott und der Kluge nicht weiser als der Einfältige.

In der Abendmahlsgemeinde sind wir alle heilig, da sind uns unsere Sünden vergeben und gedenkt Gott nicht mehr unserer Missetaten.

Es gibt nur eine Hoffnung für die Christenheit: daß sie zur Abendmahlsgemeinde und so wirklich zur Gemeinde des neuen Bundes werde. Es gibt auch keine andere Hoffnung für dich und mich als die, daß wir Glieder dieser Abendmahlsgemeinde sind.

Und von dieser Abendmahlsgemeinde heißt es jetzt nicht mehr wie zu Jeremias Zeit: »Siehe, es kommt die Zeit« und »nach dieser Zeit«, sondern von ihr heißt es: »Siehe, jetzt ist die angenehme Zeit, jetzt ist der Tag des Heils.«[5]

Es ist darum wirklich wahr: »Selig sind die Augen, die da sehen, was ihr sehet. Denn viele Propheten und Könige wollten sehen, was ihr seht, und haben es nicht gesehen, und hören, was ihr hört, und haben es nicht gehört.«[6]

---

5 2.Kor 6,2.
6 Lk 10,23f. Vgl. die erste Predigt nach Kriegsausbruch.

Wem aber in dieser Abendmahlsgemeinde der neue Bund herrliche Gegenwart ist, der kann sich dann auch der letzten Zukunft freuen: Siehe, es kommt die Zeit, wo wir vom Glauben ins Schauen seiner Herrlichkeit eingehen! Amen.

Anhang

Die Verpflichtungserklärung auf der Mitgliedskarte der Bekennenden Kirche (der sog. »roten Karte«) hatte folgenden Wortlaut: »Die Bekennende Kirche ist der Zusammenschluß aller derer, die die Heilige Schrift Alten und Neuen Testaments nach der Auslegung der reformatorischen Bekenntnisse als die alleinige Grundlage der Kirche und ihrer Verkündigung anerkennen. Die Glieder der Bekennenden Kirche sind durch das Evangelium aufgerufen. Deshalb wollen sie sich zum Wort Gottes und zum Tisch des Herrn halten und ein christliches Leben führen. Sie wollen beten und arbeiten für eine Erneuerung der Kirche aus dem Wort und dem Geist Gottes. Sie wissen sich zu entschlossenem Kampf wider jede Verfälschung des Evangeliums und wider jede Anwendung von Gewalt und Gewissenszwang in der Kirche verpflichtet.«

Der Bußtag ein Freudentag

Predigt in Berlin-Hermsdorf am 18. November 1942
(Bußtag[1])

Zur Zeitsituation vgl. die Vorbemerkung zur vorigen Predigt.

Aus der Tiefe rufe ich, Herr, zu dir.

Herr, höre meine Stimme, laß deine Ohren merken auf die Stimme meines Flehens!

So du willst, Herr, Sünden zurechnen, Herr, wer wird bestehen?

Denn bei dir ist die Vergebung, daß man dich fürchte.

Ich harre des Herrn, meine Seele harret, und ich hoffe auf sein Wort.

Meine Seele wartet auf den Herrn von einer Morgenwache bis zur andern.

Israel, hoffe auf den Herrn! Denn bei dem Herrn ist die Gnade und viel Erlösung bei ihm,

und er wird Israel erlösen aus allen seinen Sünden.

Ps 130[2]

---

1 Der Bußtag wurde, obwohl nicht mehr öffentlicher Feiertag, wieder wie gewohnt am Mittwoch vor dem letzten Sonntag des Kirchenjahrs begangen. S. auch o. S. 65 Anm. 1.

2 Alttestamentliche Lektion am Bußtag.

Wenn man es recht versteht, ist der Bußtag ein Freudentag. Traurig aber und düster ist jeder Tag, der ohne Buße dahingeht.

Die Tiefe, in der ich mir selbst überlassen bin, muß mich verschlingen. Rufe ich aber aus der Tiefe zum Herrn, dann bin ich nicht mehr allein, dann bin ich schon, so tief ich auch noch darin stecke, von oben gehalten.

Bleibe ich bei der Erkenntnis stehen, daß mein Leben und das Leben der ganzen Welt einem großen Bankrott entgegeneilt, dann gehe ich zugrunde. Klammere ich mich aber an den Herrn, der die Abrechnung hält, und nicht an das, was ich in dem Bankrott verliere, dann habe ich einen festen Halt mitten im Zusammenbruch.

Endlos finster ist die Nacht, in der ich aufs Ungewisse, nur weil es doch nicht immer so weitergehen könne, auf eine Wendung warte. Da warte ich vergeblich auf einen Morgen. Selbst wenn er käme, würde er nicht die Nacht aus meiner Seele vertreiben. Warte ich aber in der Nacht auf den Herrn, so »macht er meine Finsternis licht«[3], »so muß die Nacht auch Licht um mich sein«[4].

Furchtbar, wenn mich die Tiefe gefangen hält, wenn mich ein Zusammenbruch niederwirft, wenn mich ewige Nacht umgibt. Aber viel furchtbarer, wenn ich herauskönnte aus dem allen, aber es nicht will. Ist es nicht fürchterlich: Da ist einer, der bereit ist zum Hören, aber zu ihm will ich nicht rufen. Da ist einer, der bereit ist zu vergeben, aber vor ihm will ich mich nicht demütigen. Da ist einer, der mich erlösen will und kann, aber ich will und kann nicht darauf warten.

Ja furchtbar ist die Tiefe, der Zusammenbruch, die Nacht. Doch gesegnet die Tiefe, wenn ich aus ihr zum Herrn rufe! Gesegnet der Zusammenbruch, wenn ich

---

3 Ps 18,29.
4 Ps 139,11.

in ihm vor dem Herrn zusammenbreche! Gesegnet die
Nacht, wenn ich in ihr auf den Herrn harre!

   Denn: Gott hört auf den, der zu ihm ruft.

      Gott vergibt dem, der ihn fürchtet.

      Gott erlöst den, der auf ihn harrt.

»Aus der Tiefe rufe ich, Herr, zu dir.«

   Hast du aus deiner Tiefe schon einmal zum Herrn gerufen? Es ist so selten, daß beides zueinander kommt: die
Tiefe und das Rufen.

   Wie oft kommt unser Beten nur von der Oberfläche unseres Daseins her. Dann verflacht es und hat keine Kraft.
Dann wird es übertönt von dem vielen Lärm an der Oberfläche unseres Lebens.

   Ist uns aber der Boden unter den Füßen weggezogen
und sind wir durch die Oberfläche wie durch eine dünne
Eisschicht in unergründliche Tiefen unseres Wesens hindurchgebrochen, dann verstummt in dem Schweigen solcher Abgründe auch das Beten. Gewiß, da kann man nicht
mehr oberflächlich beten. Aber da erfährt man auch, wie
schwer es ist, nicht nur oberflächlich, sondern wirklich zu
beten, und das heißt, aus der Tiefe zu rufen, aus dem Abgrund heraus zu schreien.

   Denn da muß ich mir das Ohr Gottes erst erobern:

   »Herr, höre meine Stimme, laß deine Ohren merken auf
die Stimme meines Flehens!«

   Wenn ich oberflächlich bete, dann erscheint mir wohl
dabei mein Tun, mein Beten, meine Stimme, etwa gar meine schöne Stimme, meine Worte, etwa gar meine ergreifenden Worte, als die Hauptsache. Ich habe gebetet – damit
ist's gemacht, so denkt der oberflächliche Beter.

   Wer aber aus der Tiefe ruft, der hat kein Gefallen an seinem Tun, an seiner Stimme, an seinen Worten, schämt sich
aber auch nicht seines Geschreis und Gestammels, sondern

ist nur auf eines bedacht: auf ein Ohr, das hört. Gott hat's gehört – damit ist's gemacht, so denkt der Beter aus der Tiefe.

Mein Beten ohne dieses Hören Gottes ist leeres Gerede, vertane Zeit. Gottes Hören aber verwandelt mein Beten in ein wunderwirkendes Tun.

Wenn du also zu der Tiefe deiner Not das Beten fügen willst, dann halte dich an diese Richtschnur: Daß Gott deine Stimme hört, ist unendlich viel mehr, als daß er einzelne deiner Bitten erhört. Laß dein Verlangen danach, daß Gott deine Gebete erhört, untergehen in der Gewißheit, daß Gott dein Beten hört. Du müßtest sonst gar meinen, er müsse deinen Wünschen gehorchen.

Das ist das Wunder, das dich aus jeder Tiefe herausreißt, du magst noch so tief darin stecken, – herausreißt auf dein bloßes Rufen hin, den Glauben: Gott hört auf den, der zu ihm ruft.

Doch mußt du auch wissen, zu wem du rufst.

»So du willst, Herr, Sünden zurechnen, Herr, wer wird bestehen?«

Hast du schon einmal vor Gott mit deinen Sünden gestanden? Es ist so schwer, daß dies beides im Rufen aus der Tiefe zusammenkommt: Gott der Herr und unsere Sünde.

Wie oft sind wir schon vor Gott mit unserer Not getreten. Mit kleinen und großen Nöten. Haben geklagt über unsere Schwachheit, gestöhnt über die böse Zeit, geseufzt über andere Menschen, uns zergrübelt über Gott selbst. Aber unsere Sünden haben wir weit dahinten gelassen; sie würden uns ja das vermeintliche Recht nehmen, Gott unsere Not zu klagen.

Hier aber sollst du es lernen: Du kannst nicht Gott mit deiner Not kommen, ohne ihm mit deiner Sünde zu kommen. Denn deine Sünde ist deine eigentliche Not. Ist dein Rufen nur von deiner Not und nicht von deiner Sünde be-

wegt, dann hast du noch gar nicht ermessen, wie tief die
Tiefe ist, aus der du rufst. Denn dann hast du die Tiefe allein gemessen an der Größe deiner Wünsche, aber nicht an
der Größe des lebendigen Gottes.

Rechnet Gott Sünden zu, wie sollte er dann die meinen
aus Vergeßlichkeit oder Großzügigkeit übersehen? Habe
ich wohl viele meiner Sünden vergessen, gewisse weiß ich
doch erschreckend genau. Aber Gott kennt sie alle, alle
noch erschreckend viel deutlicher. Werden selbst die Besten vor ihm nicht bestehen und können auf tausend nicht
eins antworten, wie soll ich vor ihm bestehen?

Wen nach Vergebung verlangt, darf dies nicht vergessen.
»Denn bei dir ist die Vergebung, daß man dich fürchte.«
Wenn wir dies doch begriffen: Vergebung ist keine
Selbstverständlichkeit, Vergebung ist ein Wunder. Vergebung ist kein Zustand, sondern ein immer neues Geschenk.
Daß Gott vergibt, kann ich mir nicht selber sagen, das muß
vielmehr Gott selbst mir sagen. Vergebung heißt nicht, daß
Gott meine Sünden vergessen hat, sondern daß Gott seiner
Barmherzigkeit und Treue gedacht hat. Vergebung heißt
nicht Rechtfertigung der Sünde, sondern Rechtfertigung
des Sünders, nicht Friede mit der Sünde, sondern Kampf
gegen sie bis aufs Blut. Über Vergebung kann ich mich
nicht beruhigen, sondern mich ihrer nur immer von neuem
freuen mit Furcht und Zittern.

Nur dann, aber dann wirklich, hilft mein Rufen aus der
Tiefe, wenn ich dies glaube: Gott vergibt dem, der ihn
fürchtet.

Aber was hilft mir denn Vergebung, wenn ich in tiefer Not
sitze?

»Ich harre des Herrn; meine Seele harret, und ich hoffe
auf sein Wort. Meine Seele wartet auf den Herrn von einer
Morgenwache bis zur andern.«

Weil mir vergeben ist, darf ich hoffen, hoffen auch in tiefster Not. Das ist die spürbare, erfahrbare Hilfe, die aus der Vergebung der Sünden kommt.

Worauf darf ich hoffen? Nicht auf dieses oder jenes umstürzende Ereignis. Nicht auf dieses oder jenes Wunschgebilde. Das tritt vielmehr alles zurück hinter dem einen: Ich harre des Herrn. »Amen, ja komm, Herr Jesu!«[5]

Das ist kein Harren aufs Ungewisse. »Ich hoffe auf sein Wort.« »Sein Wort ist wahr und trüget nicht und hält gewiß, was es verspricht, im Tod und auch im Leben.«[6]

Es kann ein langes Warten sein, »von einer Morgenwache bis zur andern«, ein sehnsüchtiges Warten, »mehr als die Wächter auf den Morgen«[7]. Wir werden noch oft rufen: »Hüter, ist die Nacht schier hin? Hüter, ist die Nacht schier hin?«[8] Aber es ist gewiß ein überraschend plötzlich erfülltes Warten: Wachet auf! »Siehe, der Bräutigam kommt. Gehet aus, ihm entgegen!«[9]

Siehe, da bist du nun zwar immer noch in tiefer Not, und doch bereits auf den höchsten Höhen des Glaubens. So reich wird der belohnt, der aus der Tiefe ruft. So herrlich ist es, Buße zu tun.

Darum: »Israel, hoffe auf den Herrn! Denn bei dem Herrn ist die Gnade und viel Erlösung bei ihm, und er wird Israel erlösen aus allen seinen Sünden.«

Gott erfüllt überschwenglich alle seine Verheißungen, die er seinem Volk gegeben hat. Er hat diese Erfüllung hinabgesenkt in die Tiefe unserer Erdennot, in die Tiefe unserer Sünden, in die Tiefen, aus denen heraus du und ich zu Gott schreien.

---

5 Offb 22,20.
6 EG 473,3.
7 Übersetzungsvariante zu Ps 130,6 nach der neuen Zürcher Bibel.
8 Jes 21,11.
9 Mt 25,6.

Und das ist die Erfüllung dieser Verheißung: der, dessen Name nicht umsonst Jesus heißt, »denn er wird sein Volk selig machen von ihren Sünden«[10]. Er hat sein Volk selig gemacht von ihren Sünden. Er tut es täglich, solange es noch »heute« heißt.

Und weil er das an uns getan hat, dürfen wir auch hoffen bis ans Ende: Gott erlöst den, der auf ihn harrt.

Wer die drei Dinge festhält:

    Gott hört auf den, der zu ihm ruft,

    Gott vergibt dem, der ihn fürchtet,

    Gott erlöst den, der auf ihn harret,

für den mischt sich in das Rufen aus der Tiefe ein heimliches, aber gewaltiges Jubeln, für den ist der Bußtag ein Freudentag. Amen.

---

10 Mt 1,21.

Sterben als ein Prüfstein des Glaubens

Predigt in Berlin-Hermsdorf am 22. November 1942
(25. So. nach Trin., Totensonntag)

22. November 1942: Die Rote Armee schließt deutsche Truppen
in Stalingrad ein.

*Wir wollen euch aber, liebe Brüder, nicht verhalten, von
denen, die da schlafen, auf daß ihr nicht traurig seid wie die
andern, die keine Hoffnung haben.*

*Denn so wir glauben, daß Jesus gestorben und auferstan-
den ist, also wird Gott auch, die da entschlafen sind, durch
Jesum mit ihm führen.*

*Denn das sagen wir euch als ein Wort des Herrn, daß wir,
die wir leben und übrig bleiben auf die Zukunft des Herrn,
werden denen nicht zuvorkommen, die da schlafen.*

*Denn er selbst, der Herr, wird mit einem Feldgeschrei
und der Stimme des Erzengels und mit der Posaune Gottes
herniederkommen vom Himmel und die Toten in Christo
werden auferstehen zuerst.*

*Darnach wir, die wir leben und übrig bleiben, werden
zugleich mit ihnen hingerückt werden in den Wolken dem
Herrn entgegen in der Luft, und werden also bei dem
Herrn sein allezeit.*

So tröstet euch nun mit diesen Worten untereinander.

1.Thess 4,13–18[1]

Der Prüfstein des Glaubens ist das Sterben. Wie kommst du über das Sterben deiner Lieben hinweg? Und wie wirst du zuletzt mit deinem eigenen Sterben fertig? Daran muß sich doch erweisen, wie es mit deinem Glauben bestellt ist und was überhaupt an dem Christenglauben dran ist. Denn entweder unterscheiden wir Christen uns durch unsern Glauben von allen andern Menschen, – dann muß dieser Unterschied auch und vor allem angesichts des Sterbens erkennbar und erfahrbar sein. Oder wir unterscheiden uns tatsächlich angesichts des Sterbens überhaupt nicht von den andern, sind traurig und untröstlich über den Gräbern und haben Angst vor dem Tode, – dann ist wirklich der ganze Christenglaube nichts wert. An der brutalen Wirklichkeit des Sterbens muß es sich zeigen, ob der Glaube an Jesus Christus eine noch viel mächtigere Wirklichkeit ist, oder ob er ein kraftloses Gedankengebilde und ein leerer Wortschwall ist.

In seiner Weise traurig ist ja wohl jeder an Gräbern, der Christ wie der Nichtchrist.

Warum der Ungläubige traurig ist? Man kann es nicht kürzer sagen als Paulus: weil er keine Hoffnung hat. Der moderne Mensch ist ja weitgehend in geradezu menschenunwürdiger Weise in allen seinen Empfindungen abgestumpft, selbst dem Sterben gegenüber. Aber auch in solcher zur Schau getragenen Gleichgültigkeit und gerade in der damit verbundenen Kaltblütigkeit und Nichtachtung des Menschenlebens schlummert eine entsetzliche Angst und Verzweiflung. Und hat sich nicht über alle, die noch nicht völlig in ihrem Gemüt ertötet sind, heute angesichts des Massensterbens lähmende Todestraurigkeit und Hoffnungslosigkeit gelegt? Wie zeugen doch nicht zuletzt all die schönen Worte, mit denen man das Sterben heute in

---

1 Altes Evangelium des 25. So. nach Trin.

Reden und Todesanzeigen und auf Grabmälern verbrämt, von dieser Hoffnungslosigkeit. Daß man in seinen Werken oder im Blutstrom des Volkes oder in seinen Kindern fortlebe, ist ja nur Ausdruck der Resignation, die keine persönliche Hoffnung kennt. Am ehrlichsten ist man gewiß da, wo man sich an Gräbern halt- und fassungslos dem Schmerz hingibt.

Aber warum sind auch wir Christen heute weithin so traurig? Warum zerbrechen so viele von uns über dem Sterben ihrer Lieben und bleiben ungetröstet? Warum sind so viele schier erdrückt von der irdischen Aussichtslosigkeit unseres Lebens, und das heißt doch von dem Sterben, das als letzte Möglichkeit auf uns wartet? Wir wollen nicht ungerecht sein: So ist es allerdings nicht, als sei kein Unterschied zwischen den Christen und Nichtchristen heute. Es gibt trotz allem nicht wenige Christen heute, die auch angesichts des Sterbens bezeugen, daß sie von einer Hoffnung wissen. Man merkt etwa bei einer Beerdigung allerdings, ob man Christen vor sich hat oder nicht. Und trotzdem spüren wir nur zu deutlich, wie die Traurigkeit unter uns Christen überhand nimmt, weil die Hoffnung so blaß ist. Wie wenig überzeugend, wie wenig ansteckend wirken wir auf andere mit unserer Hoffnung. Wir halten zwar an ihr fest, aber wie oft so müde und verzagt. Wie wenig verstehen wir zu trösten mit einem Trost, mit dem wir selbst getröstet werden von Gott[2], statt mit abgegriffenen Redewendungen. Es fehlt uns etwas von der Freude angesichts des Sterbens, von der das Neue Testament zeugt.

Und trotzdem, wie wir aus dem Brief des Paulus an die Gemeinde in Thessalonich entnehmen, waren auch damals die Christen von der Tatsache des Sterbens angefochten und voll Trauer. Warum mußte sie Paulus über die Ent-

---

2 2.Kor 1,4.

schlafenen belehren und trösten, damit sie nicht traurig
seien wie die andern, die keine Hoffnung haben? Wenn
man genauer hinsieht, war ihre Traurigkeit ganz anders be-
gründet als unsere Traurigkeit. Und zwar liegt das daran,
daß auch ihre Hoffnung gegenüber der unsern sehr anders-
artig war. Zwar sind sie wie wir weit unterschieden von
den Ungläubigen, die darum traurig sind, weil sie keine
Hoffnung haben. Aber während bei uns Christen heute die
Traurigkeit überhand nimmt, weil wir nur eine abgeblaßte
Hoffnung haben, drohte bei den Christen damals die Traurigkeit überhand zu nehmen, weil sie sich in ihrer Hoffnung enttäuscht sahen. Ihre Hoffnung war nicht wie die
unsere zu schwach, sondern gewissermaßen zu stark, zu
weitgespannt. Die Anfechtung, die sie bewegte, liegt uns
heute ganz fern. Ihnen machte nicht das Sterben Not um
des Sterbens willen. Sie betrauerten das Dahinscheiden ihrer Lieben nicht um des damit verbundenen Verlustes willen. Sie fürchteten sich nicht vor dem Sterben als solchem.
Ihnen lag vielmehr der Gedanke ans Sterben so fern, daß
sie fest glaubten, sie würden gar nicht mehr sterben, sondern noch zu ihren Lebzeiten die Wiederkunft Christi vom
Himmel her erleben und so nicht durchs Sterben, sondern
durch eine wunderbare Verwandlung hindurch ins ewige
Leben eingehen. Und darum nun die Trauer: Sie konnten
gar nicht begreifen, daß auch Christen sterben müßten.

Wir können und sollen uns nicht zwingen, ebenso von
der Zukunft zu denken wie diese Thessalonicher Christen.
So sehr wir auch heute durch die Zeichen der Zeit wieder
wachsam werden, zu warten auf die vielleicht sehr nahe
Wiederkunft unseres Herrn, so wenig dürfen wir doch die
Nüchternheit dahintenlassen und vergessen, daß unzählige
Generationen von Christen inzwischen haben sterben
müssen und so viele Erwartungen bestimmter Termine für
die Wiederkunft Christi enttäuscht wurden. Wir werden

uns ebenso zu steter Wachsamkeit rufen wie vor überspannten Erwartungen warnen lassen. Aber gerade darum
steht es uns nicht an, das, was die Thessalonicher Christen
damals bewegte und was Paulus ihnen zu sagen hatte, acht-
los beiseite zu schieben, als könne uns das heute nichts
mehr sagen. Wir werden vielmehr sorgsam auf die Offenbarung Gottes im Wort der heiligen Schrift achtgeben und
aus dem Unterschied lernen, was die rechte Christenhoffnung angesichts des Sterbens ist. Und dann wird dir, so
Gott will, der Grund aufgedeckt werden, warum deine
Traurigkeit so groß und deine Hoffnung so schwach ist,
und es wird diese Hoffnung zu neuem Leben und neuer
Glut angefacht werden.

Denn wenn man den Unterschied bedenkt, wie sie damals über das Sterben dachten und wie wir heute darüber
denken, so haben wir wohl in mancher Hinsicht umzuler-
nen, wollen wir wirklich Christen sein.

Warum sind wir traurig über den Verlust unserer lieben
Entschlafenen? Die Antwort liegt bereits in dem Wort
»Verlust«: Wir betrauern, was wir an ihnen verloren haben
und wohl jetzt erst voll ermessen, wo wir es nicht mehr
haben. Wir beklagen auch, was wir an ihnen versäumt haben und nicht mehr nachholen können, wo es zu spät ist.
Unser Blick ist zurück auf das gerichtet, was vorüber ist.
Und vielleicht mischt sich hie und da am Grabe eines allzu
früh Verstorbenen noch darein die Klage und das Bedauern
um seiner selbst willen, daß sein Leben in der Blüte, ohne
zur Reife und Vollendung zu kommen, abgebrochen worden ist. Doch zumeist trösten wir uns damit: Der Entschla-
fene hat's jetzt gut, er ist allem Streit und aller Angst entnommen, er darf ruhen. Wir trauern mehr um unser selbst
willen als um der Verstorbenen willen.

Ganz anders die Christen damals. Zwar werden sie als
Menschen auch menschlich den Verlust empfunden und

menschlich ihn betrauert haben. Aber den Blick auf diese irdischen Dinge überwog doch übermächtig der Blick auf Jesus, der gestorben und auferstanden ist und wiederkommen wird in Herrlichkeit. Wer diesem Jesus, dem auferstandenen Herrn gehört, wie kann der noch dem Tod verfallen? Diese Christen waren so sehr erfüllt von dem Glauben an den Auferstandenen, daß es ihnen als das Unbegreiflichste erschien, was uns das Selbstverständlichste ist, daß auch ein Christ sterben muß. In ihnen lebte etwas von dem Protest gegen die Mächte der Finsternis und des Todes. Sie glaubten eben nicht mehr an den Tod, weil sie an Jesus glaubten. Und darum erwarteten sie, im Gegensatz zu uns, noch etwas vom Leben, weil sie so stark die Wiederkunft Christi erwarteten. Darum konnten sie auch nicht sagen, wie wir es wohl tun: »Wohl dem, der aus diesem Leben scheidet«, sondern sie beklagten einen solchen, als könnte ihm etwas Gewaltiges entgehen, nämlich das Erleben der Wiederkunft Christi in Herrlichkeit. Nicht wahr, wenn sie auch in dieser überspannten Erwartung irrten und Paulus sie zurechtweisen mußte, – wie werden wir beschämt von diesem Glauben, von seiner Kraft, von seinem Ausgerichtetsein auf den Auferstandenen. Wie werden wir in unserer egoistischen Trauer beschämt von dieser Sorge um die Ehre des Auferstandenen und dieser Fürsorge für die Teilnahme ihrer Entschlafenen an der Freude über den lieben jüngsten Tag.

Und dann ein anderer Unterschied von damals und heute: Wenn wir ans Sterben denken, dann haben wir immer nur das Sterben einzelner Menschen vor Augen, den Tod meines Kindes oder meiner Eltern, deinen oder meinen Tod. Wir sehen dieses Sterben ohne den großen Zusammenhang, in dem es steht, der hinweist auf das Ende der Welt. Anders die Christen damals. Sie umfaßten mit ihrem Denken die Welt als ganze, weil sie viel mehr als wir die

Welt in den Händen Gottes glaubten, der sie geschaffen hat und nach dem Sündenfall nur aus Geduld um Christi willen auf ihr Ende hin erhält. Ich glaube, wenn wir lernten, so alles Sterben und alle Katastrophen in der Welt nicht nur als einzelne isolierte Ereignisse anzusehen, sondern aufs Ganze, aufs Ende zu beziehen, als Vorzeichen des letzten großen Eingreifens Gottes, wir würden wohl alles mit mehr Ernst und doch zugleich mit einer überlegenen Zuversicht und Hoffnung ansehen.

Und dann noch diesen Unterschied zwischen damals und heute: Unsere ganze Hoffnung richtet sich weltflüchtig aufs Jenseits. Aber eigentlich ist ja der Christenglaube, wenn man es recht versteht, ein Diesseitsglaube, nämlich der Glaube, daß Christus diese Welt verwandeln wird zur neuen Welt. Wir sind mit unserer Hoffnung ins Jenseits geflohen. Darüber haben wir den Herrschaftsanspruch Christi auf diese Welt preisgegeben. Freilich sagt der Herr: »Mein Reich ist nicht von dieser Welt.«[3] Aber wir haben daraus gemacht: Mein Reich ist nicht in dieser Welt und nicht über diese Welt. »Mir ist gegeben alle Gewalt im Himmel und auf Erden«[4], spricht der Auferstandene. Darum war die Hoffnung der alten Christen so stark. Und weil wir dies außer acht ließen, ist unsere Hoffnung so blaß geworden. Ist es uns nicht gegangen wie den törichten Jungfrauen: »Da nun der Bräutigam verzog, wurden sie alle schläfrig und schliefen ein«[5]?

Wenn wir das alles bedenken, dann bekommt der Trost, den Paulus den Thessalonichern gibt, für uns einen neuen, besonderen Klang. Was kann unsere Traurigkeit dämpfen angesichts der Tatsache, daß immer noch Christen sterben

---

3 Joh 18,36.
4 Mt 28,18.
5 Mt 25,5.

müssen, daß immer noch nicht die Herrschaft des Auferstandenen und das Leben, das er uns geschenkt, offenbar geworden ist?

Paulus gibt uns zum Trost und zur Belehrung über die Entschlafenen eine dreifache Antwort.

Laßt euch dessen getrösten, daß sie in Christus Jesus entschlafen sind. Wenn wir doch den Trost wieder begriffen und ergriffen, der darin liegt, daß ein Christ im Glauben an seinen Heiland stirbt, daß er seinen Geist befiehlt in Gottes Hände, daß seine Seele von den Engeln getragen wird in Abrahams Schoß. Wenn wir uns doch mehr nach solchen umsähen, die so sterben! Wenn wir doch ein solches Zeugnis als teuerstes Vermächtnis unserer Entschlafenen dankbar bewahrten! Wenn wir doch uns selber mit ganzem Eifer auf solches Sterben zu bereiten lernten! Der süße Kern dieses Trostes liegt zwar in einer harten Schale: Was ist mit den vielen, vielen, die so ganz offenbar nicht im Glauben an Christus dahinfahren? Wo bleibt da der Trost? Ja allerdings, wo Menschen, vor allem wo Getaufte nicht im Glauben sterben, da ist in der Tat unser Glaube hart angefochten; denn da entbehrt er aller tröstlichen Zeichen, da kann er den Verstorbenen nur der unermeßlichen, unergründlichen Barmherzigkeit Gottes befehlen. Das soll uns dann trösten. Aber wie schwer ist dieser Trost. Und wie ernst mahnt er uns, im Sterben einmal unsern Hinterbliebenen ein deutliches, tröstliches Zeichen unseres Glaubens zu hinterlassen.

Und dann weist Paulus auf eine zweite Stufe dieses Trostes hin, das ist die innige Verbundenheit der Entschlafenen mit Jesus. Was Jesus widerfahren ist, das muß seinem Jünger, dem Glied an seinem Leib, auch widerfahren. Ist Jesus auferstanden, so wird Gott auch die, die in ihm entschlafen sind, mit ihm in die Herrlichkeit führen. Wenn wir doch das glaubten, daß unser Sein so fest gebunden ist an Jesu Sein! Welchen Trost hätten wir daraus, welchen Trotz gegen die Welt! Dann wäre das, was wir von Christus bekennen, kein bloßer Glaubensartikel, sondern das Lebensgesetz, unter dem wir stehen. Dann verliert das Sterben den Stempel der finstern Todesnacht. Dann wird das Sterben Eingang ins Leben. Dann weiß ich die Entschlafenen wohl geborgen. Dann kann ich mich selbst getrost schlafen legen.

Und nun schließlich die dritte Stufe des Trostes, den Paulus gibt: In Jesus sind wir untereinander aufs innigste verbunden, sie, die Verstorbenen, und wir, die noch Lebenden. Es wird keiner zuvorkommen und keiner zu spät. Der ungeheure Befehlsruf Christi am jüngsten Tag wird sie alle vor sein Angesicht stellen, Tote wie Lebende, wird sie alle zugleich Auferstehung und Himmelfahrt erleben lassen, und das heißt: zugleich die Hineinversetzung in die neue Welt, in das himmlische Jerusalem. Wohlgemerkt: In Jesus sind wir so verbunden. In ihm werden wir uns wiedersehen, in ihm und bei ihm beieinander sein allezeit. Soll uns das nicht schon jetzt still machen über den Tod unserer Lieben, wie es so sinnbildlich deutlich uns vor Augen gehalten ist überall da, wo die Gräber der Gemeinde um die Kirche herum liegen: Die Gemeinde der Lebenden und die Gemeinde der Vollendeten sind versammelt um ihren Herrn.

So laßt euch mit diesen Worten trösten, die ihr traurig seid um derer willen, die entschlafen sind. Und als solche, die von Gott getröstet sind, tröstet euch mit diesen Worten auch untereinander. Amen.

Reformationstag als Bußtag

Predigt in Berlin-Hermsdorf am 31. Oktober 1943
(Reformationsfest)

Ende Juli 1943 Beginn der schweren Bombardements deutscher
Städte.

Vergib uns unsere Schulden, wie wir unsern Schuldigern
vergeben.

Mt 6,12[1]

Die Zeit trotzig-selbstbewußter Reformationsfeste ist vorüber. Statt daß wir uns in harmloser Weise »unsers D. Martin Luther« rühmen, als ob es so selbstverständlich sei, daß
er unser Lehrer ist und wir wirklich seine Schüler sind, und
statt daß wir uns stolz als Protestanten in die Brust werfen,
ist es heute not, der Reformation in der Weise zu gedenken,
daß wir uns, gerade als Protestanten, gerade als Kirche der
Reformation, an die Brust schlagen und beten: »Vergib uns
unsere Schuld, wie wir unsern Schuldigern vergeben.« Ich
wüßte nicht, wie wir ausgerechnet den Reformationstag
anders begehen sollten denn als Bußtag.

Wir kennen besondere Beichttage, an denen wir demütig
vor Gott bekennen, was wir, jeder einzelne persönlich, gegen Gott gesündigt haben mit Gedanken, Worten und

---

1 Freie Textwahl.

Werken. Wir haben ferner den nicht ohne Grund immer
mehr in Verfall geratenden jährlichen Landes-Buß- und
Bettag[2], an dem wir uns als Glieder unseres Volkes dem
gerechten Gericht Gottes über unseres Volkes Sünde un-
terwerfen und ihn um Erbarmen anflehen. Aber wir bedürfen daneben, und nicht nur daneben, sondern vor allem
andern eines Tages, an dem wir gemeinsam als evangelische
Gemeinde, als Kirche der Reformation dessen gedenken,
was wir gerade als evangelische Gemeinde, als Kirche der
Reformation Gott, der Christenheit und der Welt schuldig
geblieben sind. Wenn wir schon einmal die Reformation
mit Luthers 95 Thesen beginnen lassen, dann sollen wir sie
auch wirklich mit Luthers erster These beginnen lassen,
welche lautet: »Da unser Herr und Meister Jesus Christus
spricht: Tut Buße, will er, daß das ganze Leben seiner
Gläubigen eine stete Buße sei.« Wir machen dieses Bekenntnis unglaubwürdig, wenn wir so tun, als hätten wir
nur als einzelne in unserm Privatleben gesündigt, oder als
hätte nur unser Volk in seinem politischen Leben gesündigt. Es gilt die Wurzel von beidem bloßzulegen. Die Wurzel unserer sogenannten privaten Sünden, die doch keineswegs bloß »private« sind, und die Wurzel der politischen
Sünden unseres Volkes, die doch keineswegs bloß »politische« sind, liegt für uns Christen doch darin, daß wir als
Gemeinschaft der Gläubigen, als evangelische Kirche,
schwere Sünden auf uns geladen haben. Weil wir als Christen nicht stark genug in die Gemeinschaft der Gläubigen
hineingebunden sind, darum wirkt sich die Sünde in unserm persönlichen Leben so hemmungslos aus. Und weil
wir als evangelische Kirche ohne Salzkraft in unserm Volk
leben, darum wurden die Dämme, die der Sünde im politischen Leben des Volkes gesetzt waren, eingerissen. Darin,

---

2 S.o. S. 65 Anm. 1.

daß die Kirche den einzelnen nicht band und das Volk nicht salzte, offenbart sich ihre schwere Sündenschuld.

Ich habe kürzlich in einem Vortrag vor der Gesellschaft für evangelische Theologie im Blick auf unsere Kirche, konkret im Blick auf die Kirche, in der wir nun einmal leben, die sogenannte Evangelische Kirche der altpreußischen Union, die These aufgestellt: Unsere evangelische Kirche ist ihrem Selbstverständnis nach, wie es zutage tritt in der Gestaltung nicht nur der Kirche als ganzer, sondern auch der einzelnen Gemeinden, eine Karikatur dessen, was Kirche nach biblischem Verständnis ist und sein soll[3]. Unsere Kirche eine Karikatur der Kirche Christi – diese These ist nicht dazu bestimmt, unter Theologen gelehrte Diskussionen hervorzurufen, sondern dazu, die Kirche, die Gemeinde, die einzelnen evangelischen Christen zur Buße zu rufen, weil sie so, wie sie nun einmal sind, gar nicht den Namen »Kirche«, »Gemeinde« und »Christen« verdienen.

Inwiefern darf ich das behaupten? Ich will konkreter werden. Erstens: Unsere evangelische Kirche – und darin sind wir alle unentschuldbar mit inbegriffen – trägt Schuld an der Zerrissenheit der Kirche Jesu Christi. Ich heiße damit keineswegs den katholischen Vorwurf gut, wir Evangelischen seien aus der Einheit der großen römisch-katholischen Kirche herausgefallen und hätten als sichtbare Frucht dieses Abfalls nur Spaltungen über Spaltungen hervorgebracht. Aber sagt: Gerade wenn wir der Überzeugung sind, die Papstkirche sei von der Wahrheit des Evangeliums abgefallen – warum tragen wir so wenig Leid über diesen Abfall und die Zerreißung der Einheit der Kirche? Warum haben wir uns beruhigt bei dieser Spaltung? Suchen wir sie darum nicht von ihrem Irrtum um des Heils ihrer Seelen willen zu bekehren, weil wir selber der Wahr-

---

3 S. u. Anhang S. 138.

heit unseres Glaubens und des Heils unserer Seelen allzu
wenig gewiß und froh sind? Warum haben wir ihnen den
Beinamen überlassen, der einen echten und notwendigen
Wesenszug der Kirche Christi ausdrückt, nämlich daß sie
katholische, d.h. über die ganze Erde hin sich erstreckende
Kirche ist? Warum haben gerade wir Evangelischen der falschen Meinung Vorschub geleistet, als habe die Kirche jeweils ihre Grenze an den Grenzen von Ländern und Nationen? Warum haben wir es geduldet, daß die evangelische Kirche je länger desto mehr nur aus nationalen Gründen statt um des Glaubens willen gegen Rom gekämpft
hat? Zur Strafe müssen wir nun sehen, wie die katholische
Kirche in mancher Hinsicht besser das Wesen der Kirche
bewahrt hat als wir, und wie damit unsere Gegnerschaft zu
ihr z.T. sehr ungeistlich, sehr fragwürdig und unglaubwürdig geworden ist. Wir haben das Stichwort von der Freiheit
eines Christenmenschen aufgegriffen und daraus eine pro-
testantische, ungeistliche, rein weltliche, fleischliche Freiheit gemacht. Wir haben sie verstanden als Freiheit jedes
Menschen, seinen Glauben nach eigenem Gutdünken –
und dazu sagte man dann Gewissen! – sich zurechtzuma-
chen und sich dennoch Christ zu nennen. Man erhob eine
offensichtliche Ketzerei zu einem gemeinhin geltenden
protestantischen Dogma: daß man Christ sein könne, ohne
als lebendiges Glied zur Kirche zu gehören. So wurde die
evangelische Kirche zu einem Sprechsaal unverbindlicher
religiöser Meinungen, ja zu einer Brutstätte aller möglichen Ketzereien. Nicht das Evangelium, nicht Christus
verband sie zur Einheit, sondern der Gegensatz gegen die
katholische Kirche, so daß die Meinung herrschend wurde,
wer streng christusgläubig, streng kirchengläubig sei, wer
Kirche, Kirchenordnung und Kirchenzucht wolle, sei auf
dem besten Wege, katholisch zu werden. Ja, es ist so weit in
unserer Kirche gekommen, daß wohl jeder Irrlehrer in ihr

das Amt erlangt, aber derjenige, der diese Auflösung der wahren Einheit der Kirche, die in der Einheit des Glaubens und des Bekenntnisses liegt, ablehnt, vom Amt in ihr ausgeschlossen bleibt. Den Papst hat man abgelehnt. Aber man hat sich heute einen weit schlimmeren Herrn über die Kirche gefallen lassen als den Papst: eine staatliche Bürokratie, in der aus der Kirche Ausgetretene eine führende Rolle spielen. Unsere Kirche gleicht einem Trümmerhaufen. Sie hat auf eine äußerliche Einigkeit Wert gelegt, die Einigkeit im Geist jedoch preisgegeben. Weil sie gegen die Irrlehre heute nicht durch Scheidung von ihr protestierte, ist es so heuchlerisch, wenn sie nur den Protest und die Scheidung unserer Väter vor vierhundert Jahren wiederholt und festhält. Weil sie selber von der Wahrheit abgeirrt ist, liegt auch kein Segen auf ihrer einstigen Scheidung von Rom. Nur eine ganz radikale Buße, eine völlige Umkehr zur ganzen Wahrheit der heiligen Schrift, nur dies, daß wir als evangelische Kirche wieder oder vielleicht überhaupt erst wirklich *Kirche* werden, kann uns von der Schuld befreien, die wir mittragen an der Zerrissenheit der Kirche Jesu Christi.

Und dann ein Zweites: Unsere evangelische Kirche – und darin sind wir alle unentschuldbar mit inbegriffen – trägt Schuld an der Entheiligung der Kirche Jesu Christi. Die Volkskirche, die Massenkirche, liebe Brüder und Schwestern, ist eine Lüge, von der wir frei werden müssen. Denn wir haben in ihr den Namen Christi entheiligt, indem wir nach seinem Namen einfach alle die Christen nannten und zur Kirche zählten, die nicht gerade von sich aus ausgetreten sind aus ihr und wenigstens noch Kirchensteuer zahlen. Daß wir das Riesenheer der Namen- und Scheinchristen in unserer Kirche geduldet haben, ohne durch klare Verkündigung und unzweideutige Entscheidungen deutlich zu machen, daß nur der ein Christ ist, der sich zum Worte Gottes und zur Versammlung der Gemeinde hält, das ist eine schwere Schuld unserer Kirche. Damit haben wir den Namen Christi unter uns entheiligt. Und darum ist auch die Art, wie wir bisher die Taufe in unserer Kirche gehandhabt haben, eine Entheiligung dieses Sakraments Christi. Ich bin der festen Überzeugung, daß wir die Taufe in unserer Kirche ganz neu ernstnehmen müssen und daß wir damit brechen müssen, so unbesehen jedes Kind jedweder Eltern zu taufen[4]. Wir haben auch das heilige Abendmahl unter uns entheiligt, indem es uns noch so gar nicht wirklich die heimliche Mitte unseres Lebens und Quelle echter Gemeinschaft mit Gott und untereinander ist, in der wir uns gegenseitig in die Zucht der Heiligung nehmen. Und das von Christus eingesetzte Schlüsselamt schließlich haben wir völlig verloren gehen lassen. Denn welcher evangelische Christ weiß heute noch etwas vom Segen der Beichte[5] und dem Ernst des christlichen Bannes? An dem Worte Christi gemessen, ist unsere Kirche eine erschreckend ungehorsame, eine frevelhaft die Gaben Christi verachtende und vergeudende Kirche – und zwar die entscheidenden Gaben Wort und Sakrament –, geschweige denn daß wir im übrigen nach Christi Willen lebten.

Das alles sind nur Andeutungen. Aber sie deuten hin auf eine Not, die mir und nicht nur mir, sondern vielen Brüdern im Amt sowie Brüdern und Schwestern in den Gemeinden auf der Seele brennt. Wie könnten wir als evange-

---

4 Man beachte wohl, daß hier nicht die Kindertaufe als solche in Frage gestellt wird, wie dies in demselben Jahre durch Karl Barth geschah in: Die kirchliche Lehre von der Taufe, Theol.St. 14,1943.

5 Dietrich Bonhoeffer hat uns im Finkenwalder Predigerseminar, das ich im Winter 1936/37 besuchte, wieder zum Gebrauch der Privatbeichte ermutigt.

lische Kirche heute am Reformationsfest, vielleicht dem
letzten Reformationsfest, das wir in der alten Gestalt der
evangelischen Kirche noch erleben, bevor sie völlig zerschlagen und von Gott umgeschmolzen wird, anderes von
uns und unserer Kirche sagen als dies eine: Herr, vergib
uns unsere Schulden?

Jesus hat im Vaterunser diese Bitte verknüpft mit der
Zusage: »wie wir vergeben unsern Schuldigern«, und hat
uns damit zu unsern eigenen Richtern gemacht. Wir wollen
und müssen darum diesen Zusatz: »wie wir vergeben unsern Schuldigern«, auch als Glieder unserer schuldbelade-
nen Kirche ernst nehmen. Wir werden dadurch daran erinnert, daß wir trotz aller unserer Schuld auch Schuldner haben, Feinde unserer Kirche, die mit dieser ihrer Feindschaft gegen uns schwere Schuld auf sich geladen haben.
Daß wir uns selber so ganz zu unserer Schuld bekannt haben, hebt die Schuld unserer Feinde nicht auf. Es würde
nicht der Wahrheit dienen, wenn wir von der Schuld
schwiegen, die nun gerade auch die Katholiken, die vielen
Sekten, die Deutschen Christen und die Masse der Abgefallenen gegen uns auf sich geladen haben. Aber wenn wir
Gott um Vergebung unserer Schuld bitten, will er, daß wir
zugleich und zuvor mit unsern Schuldigern ins Reine kommen. Wenn wir darum den Tag der Reformation als Bußtag
begehen, muß er uns auch zum Versöhnungstag werden, an
dem wir unsern Feinden die Hand der Vergebung hinstrek-
ken. Wie soll das geschehen?

Einmal damit, daß wir auch ihnen, unsern Schuldigern,
bekennen, was wir nicht nur Gott gegenüber, sondern auch
ihnen gegenüber gefehlt haben durch eine Scheidung, die
nicht allein aus der Liebe zur Wahrheit kam, sondern un-
termischt war mit Zorn und Haß oder Gleichgültigkeit.

Und dann damit, daß wir gar nicht nach unserer Ehre
und unserm Rechtbehalten fragen, sondern lernen, alle Be-

leidigungen, Mißverständnisse und Anfeindungen geduldig zu tragen und zu verzeihen.

Und schließlich damit, daß wir nicht schweigend an ihnen vorübergehen, sondern den Weg zu ihnen suchen, das Gespräch, auch wenn es noch so lange abgebrochen war, mit ihnen eröffnen und ihnen sagen und bezeugen, inwiefern sie der Wahrheit Gottes ungehorsam sind. Vergeben können wir ihnen nur, was sie gegen uns gefehlt haben. Davon bleibt unberührt, was sie gegen Gott gefehlt haben. Dazu müssen wir sie erst durch die Kraft des Wortes Gottes zur Buße rufen und nach Vergebung begierig machen.

Wenn uns der Reformationstag zum Anstoß wird, diesen Weg einzuschlagen, dann können wir mit der Kirche Christi wohl noch ganz unerwartete Wunder erleben.

Dann können wir erleben, daß Gott nicht, wie es schon den Anschein hat, unsere Kirche völlig verwirft, sondern ihr wirklich vergibt und aus der empfangenen Vergebung den Mut und die Kraft zu ganzer Umkehr, zu völligem Neuanfang, zu ganzem Gehorsam gibt.

Und dann können wir auch erleben, daß wir der wahren Einheit der Kirche Christi näher kommen. Nicht im Sinne einer faulen Einigung des Kompromisses, bei dem die Wahrheit verleugnet wird, sondern im Sinne einer echten Einigung, in der die Wahrheit über alle menschlichen Irrtümer und Torheiten und über allen bösen Willen den Sieg behält.

Wenn wir so vergeben und uns vergeben lassen, dann werden all die Hindernisse aus dem Wege geräumt werden, die den Gebeten unserer Kirche heute im Wege liegen, so daß trotz all unseres Betens das Reich Gottes doch nicht näher kommt, der Name Gottes statt geheiligt nur immer mehr entheiligt und der Wille Gottes verachtet wird. Aber wenn wir von ganzem Herzen und in voller Erkenntnis dessen, was das heißt, als evangelische Kirche heute beten:

»Vergib uns unsere Schuld, wie wir vergeben unsern Schuldigern«, dann wird unsern Gebeten die Bahn gebrochen werden, und dann werden wir nicht nur Kirche heißen, sondern Kirche sein. Gott schenke uns eine solche Reformation. Amen.

Anhang

Das am 30. Juni 1943 vor der Gesellschaft für Evangelische Theologie gehaltene Referat »Über Kirchenzucht« trug ich nach dem Kriege am 9. April 1946 in »vollständig umgearbeiteter Fassung« in Stuttgart auf einer Arbeitstagung der Württembergischen Kirchlich-theologischen Sozietät vor und ließ mich, obwohl in starkem Maße der Grenzen dieser Arbeit bewußt, dazu bewegen, »sie als Diskussionsgrundlage und zur Anregung weiterer Arbeit einem größeren Kreis zugänglich zu machen«. Das Vorwort der Publikation (unter dem Titel »Kirchenzucht« 1947 bei W. Kohlhammer Verlag Stuttgart erschienen), dem die vorausgehenden Zitate entnommen sind, enthält im 2. Abschnitt folgende Widmung: »Die Gemeinde, der ich sechs Jahre lang im Kirchenkampf und während des Krieges dienen durfte, hat ein doppeltes Recht an dieser Arbeit. In ihrer Mitte keimten diese Gedanken auf. Dafür aber, daß sie in weitgestreckter theologischer Arbeit im Lehramt mehr und mehr zur Reife kommen sollen, mußten wir einander das Opfer der Trennung bringen. Darum soll das Heft herausgehen als Gruß und Dank an diese Gemeinde.« Wie sich mein Lehren von der Kirche in der Folgezeit entwickelt und in gewisser Hinsicht auch gewandelt hat, mag man meiner Dogmatik des christlichen Glaubens (III [1979] 1993[3], 331–384: § 36 Die Gemeinschaft des Glaubens) entnehmen.

Der Weg zum Singen des neuen Liedes

Predigt in Berlin-Hermsdorf am 14. Mai 1944
(So. Rogate)

Zunehmende Bedrängnis an allen Fronten. Es folgten und folgen nun dicht aufeinander: Am 4. Januar 1944 erreicht die Rote Armee die ehemalige polnische Ostgrenze. Im März/April 1944 Verlust der südlichen Ukraine. Am 4. Juni 1944 rücken die Alliierten in Rom ein. Am 6. Juni alliierte Landung in der Normandie. Am 22. Juni Zusammenbruch von Mitte und Südflügel der Ostfront. Am 20. Juli Scheitern des Attentats auf Hitler und des Umsturzversuchs.

Ich harrte des Herrn; und er neigte sich zu mir und hörte mein Schreien

und zog mich aus der grausamen Grube und aus dem Schlamm und stellte meine Füße auf einen Fels, daß ich gewiß treten kann;

und hat mir ein neues Lied in meinen Mund gegeben, zu loben unsern Gott. Das werden viele sehen und den Herrn fürchten und auf ihn hoffen.

Wohl dem, der seine Hoffnung setzt auf den Herrn und sich nicht wendet zu den Hoffärtigen und zu denen, die mit Lügen umgehen!

Herr, mein Gott, groß sind deine Wunder und deine Gedanken, die du an uns beweisest. Dir ist nichts gleich. Ich will sie verkündigen und davon sagen; aber sie sind nicht zu zählen.

Ps 40,2–6[1]

Wir dürfen es als eine gute Fügung Gottes ansehen, daß wir heute am Sonntag Rogate den vor acht Tagen durch Fliegeralarm unterbrochenen Kantate-Gottesdienst so schön fortsetzen dürfen, indem uns gerade heute die Freude zuteil wird, durch einen kleinen Singkreis den Ruf Cantate so recht in Herz und Gemüt gesungen zu bekommen. Das erinnert uns daran, daß der Ruf zum Singen und der Ruf zum Beten im Grunde einer ist. Gesang, Musik – diese vollkommenste, ja man möchte geradezu sagen: diese himmlischste aller menschlichen Künste, hat nicht ihren Wert in sich selber, sondern empfängt ihre ganze Schönheit und Vollendung erst dann, wenn sie dem Lobpreis und der Anbetung Gottes dient. So wie Johann Sebastian Bach es einmal bekannt hat: »Des Generalbasses Finis und Endursache soll anders nicht als nur zu Gottes Ehre und Rekreation des Gemüts sein; wo dieses nicht in acht genommen wird, da ist's keine eigentliche Musik, sondern ein teuflisches Geplärr und Geleier.« Und anderseits ist auch das Beten nichts als ein zumindest sehr menschliches Plappern oder angsterfülltes Schreien ins Leere, wenn es nicht immer wieder hinzielt und ausmündet in den Lobgesang, den die Engel von Ewigkeit zu Ewigkeit Gott darbringen. Rechtes Singen soll Beten sein. Und rechtes Beten soll Singen sein. »Denn wir haben einen Gott, der da hilft, und den Herrn Herrn, der vom Tode errettet.«[2]

Darum weichen wir nicht von der besonderen Bedeutung des Sonntags Rogate ab, wenn wir heute den Kantate-Gottesdienst fortsetzen und den Text, der heute vor einer Woche gerade noch zur Verlesung kam, noch einmal zu uns reden lassen.

---

1 Freie Textwahl.
2 Ps 68,21.

Ursprünglich hatte ich euch am Sonntag Kantate den 98. Psalm[3] auslegen wollen: »Singet dem Herrn ein neues Lied; denn er tut Wunder. Er siegt mit seiner Rechten und mit seinem heiligen Arm. Der Herr läßt sein Heil verkündigen, vor den Völkern läßt er seine Gerechtigkeit offenbaren. Er gedenkt an seine Gnade und Wahrheit dem Hause Israel; aller Welt Enden sehen das Heil unseres Gottes. Jauchzet dem Herrn, alle Welt; singet, rühmet und lobet! Lobet den Herrn mit Harfen, mit Harfen und Psalmen! Mit Drommeten und Posaunen jauchzet vor dem Herrn, dem König! Das Meer brause und was darinnen ist, der Erdboden und die darauf wohnen. Die Wasserströme frohlocken, und alle Berge seien fröhlich vor dem Herrn; denn er kommt, das Erdreich zu richten. Er wird den Erdboden richten mit Gerechtigkeit und die Völker mit Recht.«

Über diesen Psalm hatte ich also ursprünglich die Kantate-Predigt halten wollen. Aber da erschienen mir im Geist all die Gesichter, die mich dann anschauen würden, all die Augen, aus denen so viel Schrecken, so viel Sorge, so viel Leid, so viel Schwachheit, so viel Anfechtung, so viel Müdigkeit, so viel Traurigkeit und so wenig Freude und Kraft und Überwindung und Siegesgewißheit mich ansehen würden. Und dachte dabei keineswegs nur so im allgemeinen an die Lasten, die heute mehr oder weniger alle Menschen drücken, sondern dachte ganz speziell auch an die besonderen Nöte, mit denen ich diesen und jenen von euch ringen weiß oder zumindest ahne, und dachte bei dem allen wirklich nicht zuletzt an mich selbst, auf den ihr jetzt schaut, dessen Augen ein Inneres offenbaren, mit dem es nicht anders bestellt ist als bei euch. Und da empfand ich: Es ist doch ein weiter, weiter Weg von diesem 98. Psalm

---

3 Alttestamentliche Lektion des Sonntags Kantate.

her zu uns und von uns hin zu diesem Psalm. In dem Psalm
ertönt der volle, starke Ton des Triumphes und des endgül-
tigen Sieges Gottes. Auf unserer Seite hingegen stellen sich
immer neue Gebrechen und immer neue Niederlagen ein,
oder vielleicht richtiger: immer wieder die alten Gebrechen
und immer wieder die alten Niederlagen. In dem Psalm er-
klingt Freude und noch einmal Freude im Blick darauf,
daß Gott sich aufgemacht hat, den Erdboden und die Völker zu richten. Auf unserer Seite aber finden sich immer
wieder Zittern und Furcht, wenn wir nur daran denken. In
dem Psalm hören wir das Jauchzen der ganzen Welt, aller
Völker und aller Kreatur vor Gott. Für uns aber sind doch
auch angesichts des nun wieder so wunderbar aufbrechen-
den Frühlings die Stimmen des Jauchzens, die da zu hören
sind, so ganz überlärmt von dem Mißgetön einer Mensch-
heit, die so vieler Güte Gottes nicht wert ist. Und noch im
besten Fall vernehmen unsere Ohren nur etwas von dem
ängstlichen Harren und Seufzen der Kreatur, die mit uns
und um unserer Nichtswürdigkeit willen der Eitelkeit und
Nichtigkeit alles Irdischen unterworfen ist[4]. In dem Psalm
ist wahrhaftig ein neues Lied zur Wirklichkeit geworden.
Mit uns aber ist es immer noch das alte Lied. Nicht wahr,
da fragen wir uns: Wie sollte so plötzlich unser altes Lied
verstummen und das neue Lied voll und rein von unsern
Lippen kommen?

Darum dachte ich: Meine Verkündigung heute muß
barmherzig und geduldig sein, so wie unser Vater im Himmel barmherzig und geduldig ist. Damit ist's nicht getan,
daß einfach das neue Lied angestimmt wird. Vielmehr
kommt es darauf an: daß auch wirklich alle, auch der Be-
drückteste und Traurigste unter uns mit einstimmt in das

---

4 Rm 8,19f.

neue Lied. Wir müssen uns an die Hand nehmen und den Weg führen lassen, der uns dahin bringt, wo uns das neue Lied in den Mund gegeben wird.

So stieß ich auf den Anfang des 40. Psalms, der uns diesen weiten Anmarschweg zeigt und führt, auf dem sich unser Schreien aus der Tiefe wandelt in ein Lied in höherm Chor, in dem auch die Engel Gottes unsere Mitsänger sind.

Wie kommt es in unserm Leben zum Singen des neuen Liedes?

Es kommt dazu nicht ohne weiteres und unvermittelt, nicht plötzlich und gleichsam über Nacht. Oder man müßte schon das »über Nacht« in dem tiefen und schweren Sinn nehmen, den die Nacht nicht für den gesunden Schläfer, sondern für den wachliegenden, schmerzgepeinigten und angstgequälten Menschen hat. In dem Sinne liegt allerdings die Nacht vor dem Singen des neuen Liedes: die Nacht der Gottesferne und Menscheneinsamkeit, in der uns alle irdischen Freuden und Hoffnungen entschwinden, wo uns nur übrig bleibt, des Herrn zu harren, wahrhaftig mehr als der Wächter auf den Morgen. »Ich harrte des Herrn« – ohne dieses Stillewerden, in dem alle andern Stimmen in uns, all die lockenden und all die klagenden, zum Schweigen gebracht werden, ohne diesen Zwang zur Sammlung und zum inneren Atemholen kommt es bei uns nicht zum Einstimmen in das neue Lied. Nicht dein Leid, nicht einmal die Last deiner Schuld ist ein Hindernis, zum Singen des neuen Liedes zu kommen. Im Gegenteil, wenn du darin dich nicht selbst verlierst, und das heißt: wenn du darin nicht aufhörst, des Herrn zu harren, ob du auch gleich nichts spürst von seiner Macht und Güte, dann wird all das Traurige und Schwere dir nur zur Schule, in der dich Gott vorbereitet, ihm unter Loben und Danken ein neues Lied zu singen. Des Herrn zu harren, das ist wirklich das einzig Bleibende und Fruchtbringende, was uns in diesen düstern Zeiten in unser Leben Sinn und Ziel bringt. Denn dieses Harren macht keinen zum Narren. Im Gegenteil, ein Narr ist, wer in solcher Lage nicht wenigstens das eine lernt und tut: des Herrn zu harren.

Denn aus dem Warten und Harren allein wächst die Erfahrung der Erhörung. Es ist hier so wunderbar gesagt, was Erhörung ist: Gott neigt sich herab zu mir. Zu mir, der ich rettungslos in der Tiefe bin und der ich, gerade weil ich keinen andern Ausweg daraus weiß, als die Hände zu falten, des Herrn zu harren, zu beten und zu ihm zu schreien, mich noch tiefer herabbeuge in den Staub. Aber ein Mensch kann gar nicht so tief von seinen Höhen herabgestürzt werden, er kann sich gar nicht so tief beugen, daß sich Gott nicht noch viel, viel tiefer von seiner Höhe zu ihm herabbeugte. Da, in der Tiefe, ist er mit einem Mal ganz nahe, da spüre ich seine Hand, da höre ich sein Wort aus nächster Nähe, da habe ich es so ganz, ganz nah zu seinem Ohr. Da hört er mein Schreien. Da ist dann mein Harren nicht mehr ein Warten aufs Ungewisse und mein Beten nicht mehr ein Schreien in den leeren Raum hinein. Sondern da weiß ich mich gehört von einem Ohr, das unvergleichlich aufmerksamer auf meine Worte achtet, als ich nur je auf Gottes Worte achten könnte. Da bekommt jedes meiner Worte, auch der leiseste stammelnde Gebetsseufzer, eine unerhörte Bedeutung, nicht weil ich es bin, der da betet, sondern weil Gott es ist, der es hört; er, dessen Ohr nicht taub ist wie unsere Ohren so oft, wenn man uns anspricht; er, dessen Herz nicht hart ist wie das unsere so oft, wenn man uns bittet; er, dessen Gedächtnis nichts entgleitet wie dem unsern, wenn der Beanspruchungen zu viele werden; er, der nie schläft noch schlummert wie wir, die wir nach guten Vorsätzen so schnell immer wieder müde werden. Ist das nicht schon Erhörung genug, sich gehört, beachtet, von Gott ernstgenommen zu wissen? Aber Erhörung heißt nicht nur gehört zu werden, sondern heißt helfende, rettende Tat. Eine Tat, die nicht dieses oder jenes an mir oder an den Verhältnissen ändert, sondern die – und das ist der Kern aller Gebetserhörungen – darauf aus ist, mich selber, meine ganze Lage, meine ganze Existenz zu ändern. Als einen Versinkenden, der sich nicht selbst helfen und retten kann, zieht mich Gott aus der schlammigen Tiefe. Es kann keinen Christen geben, der das nicht erfahren hätte. Wie oft war ich versucht. Es ist Gottes Wunder, daß ich nicht zu Fall kam. Wie oft bin ich gefallen. Es ist Gottes Wunder, daß ich seine Vergebung erfuhr. Wie oft stand ich, ja stehe ich stündlich an der Grenze des Todes. Es ist Gottes Wunder, nicht nur daß ich noch lebe, sondern daß ich hoffen darf, nicht nur auf irdische Zukunft – diese Hoffnung befehle ich ganz Gottes Führung –, sondern hoffen darf auf eine ewige Zukunft. Diese Hoffnung will ich mir von keinem Zweifel anfressen lassen. Kann die Erlösung durch Jesus Christus besser beschrieben werden als mit diesen Worten: Der Herr »hörte mein Schreien und zog mich aus der grausamen Grube und aus dem Schlamm«?

Aber noch mehr: Er »stellte meine Füße auf einen Fels, daß ich gewiß treten kann«. Der Glaube wird zum Leben, zu festen und sicheren Schritten in einer neuen Existenz. Das Gebet wird zur Tat. Christus zieht uns nicht aus dem Schlamm, damit wir alsbald wieder darin zurücksinken. Sondern er stellt uns auf einen festen, felsstarken Boden, den wir auch dann unter den Füßen behalten, wenn alles wankt. Der Erfahrung des Erhörtwerdens durch den Herrn folgt die Erfahrung eines neuen Wandels mit dem Herrn.

Und das ist nun der Ort, wo es zu diesem neuen Lied kommt in unserm Leben, an dem wohl das Schreien aus der Tiefe nach wie vor den Unterton bildet. Und doch nicht ein Schreien der Angst, sondern darüber die Stimme des Lobens und Dankens.

Was ist denn nun das neue Lied[5]?

Es ist wirklich von Gott gegeben. Es ist nicht die Stimme des eigenen Herzens. Vielmehr die Stimme des heiligen Geistes in uns. Wir haben alle Erfahrung mit dem Singen eines Chorals. Wie oft erweist er sich größer, als wir sind, und wir können uns getragen wissen von ihm. Davon sollten wir mehr Gebrauch machen.

Das neue Lied ist ein *Lob* Gottes. Auch dann, wenn noch nicht alle Rätsel gelöst sind und alle Gebete so erhört, wie wir uns das erträumen.

Es ist eben ein Lob *Gottes*. Dessen Macht reicht weiter als unsere Erfahrung seiner Macht.

Und was wirkt das neue Lied?

Es macht die neue Existenz des Christen kund.

Es wirkt ein Aufmerken auf die andern und was wir ihnen schuldig sind.

Es öffnet uns die rechte Erkenntnis und Wertung des Menschen.

Es erhält uns in der völligen Ausrichtung auf Gott.

Es führt zu staunender Anbetung der Wunder Gottes, die nicht zu zählen sind. Wir bedürfen des ewigen Lebens dazu, Gottes Lob auszusagen. Amen.

---

5 Von hier an war die Predigt nur in Stichworten aufgezeichnet, die aber mühelos wenigstens eine syntaktische Vervollständigung erlaubten.

Weihnacht im finstern Jahre 1944

Predigt in Berlin-Hermsdorf am 24. Dezember 1944 (Christvesper)

Stationen des Zusammenbruchs: Am 11. Oktober überschreitet die Rote Armee die Reichsgrenze in Ostpreußen. Am 21. Oktober fällt Aachen. Am 23. November fallen Straßburg und Metz.

Und der Engel sprach zu ihnen: Fürchtet euch nicht! Siehe, ich verkündige euch große Freude, die allem Volk widerfahren wird;

denn euch ist heute der Heiland geboren, welcher ist Christus, der Herr, in der Stadt Davids.

Lk 2,10f[1]

Das Bild, das wir uns von der Geburt Jesu von Nazareth machen, kann gar nicht nüchtern genug sein.

Wenn wir auf die äußeren Umstände sehen, wie sie uns der Evangelist Lukas erzählt, ist es doch im Grunde eine sehr traurige, Mitleid erregende Geschichte, diese Weihnachtsgeschichte. Und darum eine wirklich so menschliche Geschichte, in der, wie fast überall im Leben, das bißchen Freude, das uns Menschen gegönnt ist, eingehüllt ist in viel Armseligkeit, Mühsal, Angst und Not.

---

1 Aus dem alten Evangelium des 1. Weihnachtsfeiertages.

Da ist zunächst eine werdende Mutter, gewiß ein Bild der Hoffnung, eine Verheißung künftiger Freude. Und doch führt der Weg dahin über so manche Beschwerlichkeiten bis in die Stunde größter Schmerzen und Gefahr, in der sich Tod und Leben eng berühren und der tiefe Schatten des göttlichen Fluches über der Frau liegt[2]. Auch Maria mußte da hindurch und in der Nacht, da sie ihr erstes Kindlein gebar, am eigenen Leib spüren, wie wir Menschen doch eben nicht im Paradies, sondern in einer leid- und schmerzvollen Welt leben. Darum wollen wir, wenn wir die Weihnachtsgeschichte hören, doch immer bei dem inhaltsschweren Sätzlein »Und sie gebar ihren ersten Sohn« ein wenig innehalten und an all die Not und Schmerzen denken, ehe wir zu dem lieblichen Bild des neugeborenen Kindleins in den Armen der glücklichen Mutter weitergehen.

Doch so uneingeschränkt lieblich und glücklich ist dieses Bild ja gar nicht. Auch das Kind ist nicht ins Paradies hineingeboren, sondern in eine Welt, in der die brutale Macht und der rücksichtslose Egoismus regieren auf Kosten alles Zarten und Schönen und Guten. Wie wird uns diese Welt, wie auch wir sie kennen, so realistisch und wahr vor Augen geführt! Da gibt ein Herrscher einen Befehl und fragt nicht danach, welche Lasten er damit dem Einzelnen auferlegt. Ja, er kann und darf gar nicht nach dem Schicksal des Einzelnen fragen, wenn er das Ganze regieren soll. Kein Herrscher kann den Wagen seines Reiches lenken, ohne daß soundsoviele Unschuldige darüber zu Schaden oder gar unter die Räder kommen. Macht schafft immer auch Leid. Unter diesem Fluch stehen nun einmal die Regierenden. Und wenn schon die verantwortungsvoll Re-

---

2 1. Mose 3,16.

gierenden, wieviel mehr diejenigen, die in bloßem Macht-
rausch ihren Zielen nachjagen, auch wenn dabei die Welt in
ein Meer von Blut und Tränen verwandelt wird. Die Geburt Jesu stand unter dem Zeichen eines Herrschers, der
einer Zeit grausamster Kriege und unaufhörlicher Unru-
hen ein Ende setzte und darum als Friedensherrscher und
Retter der Welt begrüßt wurde. Doch die Weihnachtsgeschichte zeigt uns ein nüchternes Beispiel, wie auch ein solcher Friedenskönig die Welt nicht in ein Paradies verwandelt und wie die Auswirkungen eines solchen Regiments
für die kleinen Leute oft so hart und bitter sind. Wie werden Maria und Joseph mit Recht über der Erfüllung ihrer
staatspolitischen Pflicht geseufzt haben, die ihnen so viel
zusätzliche Mühsal brachte und Mutter und Kind das Leben hätte kosten können.

Und dann schildert uns weiter die Weihnachtsgeschichte
so nüchtern und illusionslos, wie die Menschen, die doch
alle in der gleichen Verdammnis sind, sich zueinander verhalten. Daß die Leute, die sich vielleicht mit allerlei Schie-
bereien ein angenehmes Unterkommen verschafft haben,
gar nicht daran denken, ihren Platz einer armen Mutter
und deren hilfsbedürftigem Säugling einzuräumen, erhellt
schlaglichtartig, wie es in der Welt zugeht. Daran ändert
nichts, daß es auch höfliche und mitleidsvolle Menschen
gibt, die in solchem Falle anders handeln würden. Daran
ändert auch keine noch so gut organisierte Wohlfahrt etwas. Das menschliche Zusammenleben wird zuletzt doch
immer von denen bestimmt, die rücksichtslos bloß für das
eigene Ich sorgen. Wir haben keinen Grund zu der Annahme, daß das heute anders geworden ist. Der Stall, der als
Wochenstube, die Strohschütte, die als Bett, die Futter-
krippe, die als Wiege diente, sind ein Bild der Armut und
des Elends, neben das wir tausend ähnliche Bilder des Jam-
mers und der Not stellen könnten, und darum alles andere

als ein Idyll, zu dem uns fälschlich die Szene der Geburt
Jesu geworden ist.

Warum ich die Weihnachtsgeschichte so aller Poesie be-
raube und die realistischen Züge darin so stark unterstrei-
che? Um all denen unter euch, denen Leid und Not das
Christfest trübt, zu sagen: Ihr seid der Weihnachtsgeschichte viel näher, als wenn ihr ohne Leid und Not wäret.
Habt ihr noch nie den starken Gegensatz empfunden, in
dem wir gerade an unsern Weihnachtsfesten zu dem stehen, was Grund und Anlaß unseres Feierns ist? Vor unseren Augen steht ein Bild menschlicher Armut und Mit-
leidsbedürftigkeit. Und wir betrachten dieses Bild und
freuen uns dran in wohlgeheizten, gemütlichen Stuben, bei
besonders gutem Essen und Trinken, im festlichen Kerzen-
schein, machen einander Geschenke und freuen uns irdischer Gaben, vergessen unsere alltäglichen Mühen und
Sorgen und erlauben uns, gewissermaßen für ein paar Tage
oder Stunden in einer märchenhaft, paradiesisch schönen
Welt zu leben. Ist ein solches Weihnachtenfeiern nicht eigentlich ganz unangemessen? Oder zumindest: Kann es
ein Hindernis sein, am Geschehen der Christnacht Anteil
zu haben, wenn wir uns in einer ähnlichen Lage befinden
wie Maria und Joseph und das Kind in der Krippe oder wie
die Hirten auf dem Felde? Wurde es damals Weihnachten
trotz größter menschlicher Armut, trotz Schwachheit,
trotz Sorgen, trotz menschlicher Verlassenheit, trotz Seufzen unter den Maßnahmen des Staates, was kann dann für
uns ernstlich dem entgegenstehen, daß es auch für uns in
diesem finstern Jahre 1944 Weihnachten wird? Unser pro-
letarisches Dasein? Unsere Sorgen? Unsere Unfreiheit?
Unsere Krankheit? Unsere Schwachheit? Unser Leid? Unsere Einsamkeit? All das gehört in die Weihnachtsgeschichte hinein und versperrt uns nicht den Zugang zu ihr.
Im Gegenteil, es ist zu fürchten, daß uns eher die Geschen-

ke, die leiblichen Genüsse und die selbstzufriedene Sattheit
sogenannter normaler Weihnachtsfeste den Zugang zur
Weihnachtsgeschichte versperren.

Ja, kann man da aber einwenden, du hast noch gar nichts
gesagt von der Hauptsache in der Weihnachtsgeschichte.
Wie du die Weihnachtsgeschichte nachzeichnest, wäre sie
ja eine ganz graue, alltägliche Geschichte und kein Grund
zum Feiern. Die Hauptsache ist doch, daß da mitten in der
Nacht der Himmel auf die Erde herabkommt und der
Glanz der Herrlichkeit die Finsternis erhellt und die Engel
von Freude und Friede singen. Und weil das etwas so
Außerordentliches ist, darum haben wir aus der Weihnacht
ein so schönes Fest gemacht, lassen den Alltag mit seinen
Sorgen und Nöten einmal ganz hinter uns, freuen uns und
lassen uns erfreuen, sind lieb und friedlich miteinander.
Der äußere Glanz unserer Weihnachtsfeste hat doch den
tiefen Sinn, Abbild der Freude und der Herrlichkeit zu
sein, die die Engel in der heiligen Nacht auf die Erde her-
abbrachten. Und darum ist es doch so schwer, ja fast unmöglich, Weihnachten zu feiern, wenn nur die ärmliche
Wirklichkeit von Stall und Krippe übrig bleibt und der
ganze himmlisch schöne Glanz drum herum fortfällt.

Doch dabei vergessen wir eins: Der Stall blieb ein Stall,
die Krippe blieb eine Krippe, die Armut blieb Armut, die
Not blieb Not, das Dunkel blieb Dunkel trotz der Erscheinung der Engel. Die Herrlichkeit der Engel erschien nicht
im Stall über der Krippe des Jesuskindes und verwandelte
nicht diesen Ort menschlicher Dürftigkeit in einen Him-
melssaal. Die Herrlichkeit des Herrn brach nur für einen
Augenblick fern davon über die Hirten auf dem Felde herein und verschwand, wie sie gekommen war. Sie hinterließ
nur eine Botschaft, für deren Wahrheit es keinen Beweis
gab. Nicht an einem Heer jubilierender und musizierender
Engel konnten die Hirten die Stätte der Geburt Christi er-

kennen, sondern nur an den dürftigen Zeichen des Stalles, der Krippe und der Windeln. Als die Hirten vor der Krippe knieten, war nicht alles um sie her in Lichtglanz verklärt, sondern es war so armselig und dunkel wie vordem. Sie hatten nichts vor Augen, als was wir auch vor Augen haben: ein Bild menschlicher Armut, Hilflosigkeit und Schwachheit. Aber dafür hatten sie ein Wort in den Ohren und in den Herzen, das wir über dem Glanz unserer Weihnachtsfeiern so leicht als die Hauptsache vergessen oder, was viel schlimmer ist, falsch verstehen.

Seht, so ist allerdings für uns an der Weihnachtsgeschichte die Erscheinung der Engel die Hauptsache. Denn ohne sie hätte niemand erfahren, was da überhaupt in der heiligen Nacht geschehen ist. Aber nicht ihr überirdischer Glanz, sondern ihre Botschaft ist die Hauptsache, das Wort, das die Glaubenden Gottes Gegenwart finden läßt, wo Auge und Verstand nur menschliche Niedrigkeit und Armseligkeit sehen.

Was fehlt uns also an der rechten Weihnacht, wenn wir nichts von dem Glanz der himmlischen Heerscharen um uns her haben, auch nicht einmal gleichnishaft in der Form des irdischen Glanzes menschlicher Festesfreude, wenn wir statt dessen aber das Wort und nur das Wort haben, das der Engel den Hirten sagte, und daneben eben nur finstere Nacht und den Stall mit Maria und Joseph und dem Kind, in Windeln gewickelt und in einer Krippe liegend, und dazu passend im eigenen Leben Leid und Sorgen und Finsternis und Armut und Krankheit und Einsamkeit und Elend in allen möglichen Formen und Gestalten? Dann fehlt uns gar nichts an der rechten Weihnacht, wenn wir neben der so nüchternen Wirklichkeit von Stall und Krippe nur und ausschließlich die Botschaft in den Ohren haben: »Fürchtet euch nicht! Siehe, ich verkündige euch große Freude, die allem Volk widerfahren wird, denn euch ist heute der Heiland geboren, welcher ist Christus, der Herr, in der Stadt Davids.« Im Lichte dieses Wortes bekommen mit einem Male Stall und Krippe und von daher alles Elend unsers eigenen Lebens ein ganz anderes Gesicht.

Wenn Gott uns im Blick auf das Kind in der Krippe sagt: Das ist euer Heiland, das ist euer Erretter, dann wissen wir, was für eine Errettung wir von der Weihnacht her zu erwarten haben: nicht eine Errettung aus der Not, aus dem Leid und aus allem Jammer durch Änderung unserer äußeren Verhältnisse, sondern eine Errettung, die wirksam wird mitten in der Not, in dem Leid und in allem Jammer. Errettet ist, wer wie das Kind in der Krippe, wie Christus am Kreuz mit Gott eins ist, trotz Krippe und Kreuz, trotz Leid und Not. Diese Einheit mit Gott, diesen Frieden mit Gott hat Jesus geschaffen. Den gibt er uns, wenn wir uns ihm hingeben. Wer in diesem Frieden Jesu steht, dem kann Leid und Not und Tod nichts mehr anhaben. Nicht unsere Verhältnisse: Krieg, Sorgen, Einsamkeit und dergleichen machen uns unerlöst. Unerlöst läßt uns sein unser innerer Unfriede mit Gott. Aber Friede mit Gott läßt auch Einsame, Leidtragende, Kranke und Sterbende schon hier auf Erden erlöst sein.

Darum verstehen wir auch, wenn Gott uns im Blick auf das Kind in der Krippe sagt: Fürchtet euch nicht! Wer keinen Frieden mit Gott hat, der fürchtet sich. Wer aber Frieden mit Gott hat, der fürchtet sich nicht. Denn alles, was auf Erden zu fürchten ist, kann den, der im Frieden Gottes steht, letztlich nur dazu führen, daß er aus Haß und Streit der Welt vollends in den ewigen Frieden Gottes gebracht wird.

Darum verstehen wir auch den Aufruf zur Freude aus dem Mund des Engels. Wer sich nicht zu fürchten braucht, weil er im Frieden Gottes geborgen ist, den kann kein Leid dahin bringen, daß er ohne Freude ist. Denn die Freude, die die Engel der Weihnacht verkünden, hat ihren einzigen und vollauf zureichenden Grund in der Tatsache, daß Jesus Christus in diese Welt hineingekommen ist und uns aus dieser Welt den Weg zum Vater gebahnt hat.

Und so verstehen wir schließlich, daß diese Freude allem Volk widerfahren soll. Denn sie ist nur an die eine Voraussetzung gebunden, daß man nicht traurig wird, wenn einem die Freuden dieses Lebens mehr und mehr verloren gehen, sondern wir vollauf genug Freude finden in dem Frieden Gottes, den uns Jesus schenkt.

Darum dürft ihr euch alle freuen zu dieser Weihnacht: ihr Armen und Leidtragenden, ihr Einsamen und ihr Kranken. Denn wir haben einen Heiland, der aller Menschen Armut, Leid, Einsamkeit und Krankheit Leibes und der Seele auf sich genommen hat. Er ward ein Mensch wie wir, damit wir würden, was er ist: Kinder Gottes, voll Friede und voll Freude. Amen.

In welchem Geist
treten wir die Fahrt ins Ungewisse an?

Predigt vor der Truppe in Nordschleswig
am 21. Mai 1945
(Pfingstmontag)

Der Truppenteil, dem ich als Sanitätsobergefreiter angehörte, die Sanitätsgruppe am OKW, erhielt am 20. April 1945 zunächst die Weisung, einen Sanitätsbunker am Fehrbelliner Platz im Zuge der Verteidigung Berlins auszubauen, dann aber mittags den Befehl, im Grunewald sich beim Restaurant Hundekehle zu versammeln, um Berlin zu verlassen. Der Aufbruch erfolgte abends bei hereinbrechender Dunkelheit unter dem blutroten Himmel der Stadt und führte elbabwärts zwischen den Fronten erst nach Bad Segeberg, später, ständig von englischen Tieffliegern angegriffen, nach Kappeln an der Schleimündung, südlich von Flensburg. Dort erfuhren wir vom Selbstmord Hitlers am 30. April und blieben auch nach der Kapitulation (8. Mai) vorläufig noch unter deutscher Führung, bis am 23. Mai die geschäftsführende Regierung abgesetzt sowie das zwischen dem Nord-Ostsee-Kanal und der dänischen Grenze angesammelte Militär auf Gefangenenlager verteilt wurde. In dieser Situation baten mich meine Vorgesetzten um einen Gottesdienst am Pfingstmontag.

Gott hat uns nicht gegeben den Geist der Furcht, sondern der Kraft und der Liebe und der Zucht.

1. Tim 1,7[1]

Daß wir uns heute in diesem Kreise zu einem Gottesdienst versammelt haben, ist etwas Ungewöhnliches und Außerordentliches. Wir wollen jetzt nicht fragen, warum es in den langen Jahren, die wir nun schon Soldaten sind, gar nicht oder nur selten geschah. Wir wollen nur darauf sehen, was uns heute dazu treibt. Wir haben im gegenwärtigen Augenblick mehr als einen Anlaß dazu.

Es ist heute Pfingsten, eines der drei großen christlichen Feste. Für die meisten von uns wird das nicht mehr bedeuten als eine wehmütige Erinnerung an frühere glücklichere Jahre, in denen wir die Feste in der Familie und in persönlicher Freiheit weniger von Sorgen belastet verbringen konnten. Doch ist es vielleicht an der Zeit, sich einmal wieder ins Gedächtnis zu rufen, daß die Feste, die wir zu feiern gewohnt sind, und überhaupt die Grundordnungen, in denen wir lebten, von einem christlichen Erbe zehren. Und darum ist es wohl an der Zeit, jetzt, wo diese Grundordnungen unseres Lebens im tiefsten erschüttert sind und die uns lieb gewordene Art, unsere Feste zu feiern, uns genommen ist, danach zu fragen, warum das so gekommen ist und ob nicht eine Rückbesinnung auf die Quellen des geistigen Lebens unseres Volkes, und damit eben auf das Christentum, dringend notwendig und heilsam ist. Das könnte uns dann auch zu einer neuen Erfassung der Pfingstbotschaft von der Gabe des heiligen Geistes führen.

Jedoch mehr als die Tatsache, daß heute Pfingsten ist, gibt uns wohl allen die drangvolle Lage, in der wir uns befinden, Anlaß und Bereitschaft, uns aus dem alltäglichen

---

1 Freie Textwahl.

Getriebe und Gerede heraus einmal zur Sammlung und
Besinnung zusammenzufinden. Wir stehen vor einem
Trümmer- und Leichenfeld. In Trümmer gesunken ist
nicht nur eine politische Organisation, ihre Idee und die
damit verbundene Weltanschauung. In Trümmer gesunken
ist ein sehr großer Teil unseres Vaterlandes, dessen Verwü-
stung weit schlimmer ist als nach dem 30jährigen Krieg.
Damit ist zugleich in Trümmer gesunken das Hab und Gut
von so vielen unter uns. Und wer darüber für sich selber
noch keine Gewißheit hat, muß sich mit der Ungewißheit
quälen, ob es so sei. Ja, eben diese Ungewißheit ist das
Furchtbarste in unserer gegenwärtigen Lage. Was ist aus
unsern Angehörigen in den vergangenen Wochen geworden? Und was steht uns selber in den kommenden Tagen
und Wochen bevor? Ich meine, diese qualvolle Situation
sollte uns weiterbringen als nur zu einem gierigen Erha-
schen und Weitertragen von Gerüchten, einem ewigen
Spekulieren über das, was wahrscheinlich und unwahr-
scheinlich ist, weiter als nur zu Verbitterung und Gereiztheit. Wir sollten gerade in diesen Tagen erzwungenen Ab-
wartens und Stillehaltens unser Leben von einer höheren
Warte aus ansehen und zu erfassen suchen, daß nicht Menschen die Geschichte machen, sondern daß zuletzt Gott sie
lenkt und daß wir auch und gerade in einer Lage wie der
unsern ihm begegnen und ihm stillezuhalten haben.

Aber darüber dürfen wir einen dritten Anlaß, zu diesem
Gottesdienst zusammenzukommen, nicht vergessen: das
Danken. Wie bitter auch immer die Folgen dieses verlorenen Kriegs für uns persönlich und für unser ganzes Volk
sein mögen, wir haben auf jeden Fall Grund dafür zu danken, daß der Geißel des Krieges ein Ende gesetzt ist. Gewiß mischt sich in diesen Dank das bittere »Warum?« im
Blick auf all die Opfer und Leiden, – eine Frage, auf die allerdings nicht so schnell eine Antwort gegeben werden

kann. Aber von diesem grübelnden »Warum?« darf doch nicht erstickt werden der Dank für das, was wir so selbstverständlich ohne »Warum?« zu fragen, hinnehmen: dafür, daß wir, zuweilen sehr wunderbar, durch alle Gefahren hindurch gerettet wurden und daß wir bisher auch, was zum Leben notwendig ist, oft viel reichlicher als erwartet erhielten. Wir wären meines Erachtens zumindest sehr vergeßlich, wenn wir uns nicht jetzt, trotz allem gerade jetzt, aufs Danken besännen.

Diesem dreifachen Anlaß unseres Beisammenseins: der Besinnung auf die Pfingstbotschaft, der Besinnung auf das, was die augenblickliche Lage von uns erfordert, und der Besinnung aufs Danken, wollen wir dadurch gerecht werden, daß wir unsere Gedanken leiten lassen von dem Paulus-Wort, das ich verlas: »Gott hat uns nicht gegeben den Geist der Furcht, sondern der Kraft und der Liebe und der Zucht.« Dieses Wort redet Menschen an, die sich am Beginn eines ganz neuen, noch völlig dunklen Weges befinden, der sie zu schweren Aufgaben und Leiden, aber auch und trotz allem zu großen Möglichkeiten führt. Und darum scheint es mir ein Wort gerade für uns zu sein.

Wir befinden uns in einer Situation wie die ersten Amerikafahrer, für die es kein Zurück gab, ehe sie nicht die dunkle Ungewißheit, die vor ihnen lag, durchstoßen hatten. Freilich lockt uns auf jeden Fall keine herrliche Zukunft wie jene. Aber dies ist uns und ihnen gemeinsam, daß auf jeden Fall am Ende der Ungewißheit etwas ganz Neues, noch Unbekanntes steht. Selbst bei einer baldigen Heimkehr begänne für uns alle ein ganz anderes Leben unter ganz neuen Voraussetzungen mit wahrscheinlich wenig Anknüpfungsmöglichkeiten an das, was wir verließen. Und nun ist meines Erachtens nicht das Entscheidende, was uns erwartet, ob die Pessimisten oder ob die Optimisten recht behalten, sondern in welchem Geist wir die

Fahrt in das Dunkle, Ungewisse, Neue, das vor uns liegt, antreten. Denn letzten Endes entscheiden nicht die Verhältnisse und Umstände über das Leben eines Menschen, sondern der Geist, in dem er diesen Verhältnissen und Umständen begegnet.

Darum ist hier der Ansatzpunkt, an dem uns allen etwas von der Pfingstbotschaft verständlich und wichtig werden kann. Wir sind in dem Kämpfen, Leiden und Schaffen, das uns bevorsteht, nicht auf die Kraft angewiesen, die wir selber aufzubringen imstande sind oder die wir aus dem Untertauchen in irgendwelche Gemeinschaften und Weltanschauungen empfangen. Wir haben ja einen Anschauungsunterricht durchgemacht, wie begrenzt unsere eigene Kraft ist und wie begrenzt selbst die Kräfte großer Persönlichkeiten und mitreißender Massenbegeisterung sind. Mit unserer eigenen Kraft oder irgendeiner neuen Parole, für die wir uns begeistern könnten, ist es jetzt kaum getan. Wir haben uns vielmehr mit der Frage auseinanderzusetzen, ob wir Gott anerkennen und unsern Herrn sein lassen und uns seinem Geist öffnen, der der Geist Jesu Christi ist. Gott zwingt uns nicht dazu. Und erst recht können Menschen uns nicht dazu zwingen, dies zu tun. Aber es tritt als ein Angebot heran, ob wir es wohl in der Kraft dieses Geistes wagen wollen, dem zu begegnen, was uns bevorsteht.

Was ist das für ein Geist?

Es ist nicht ein Geist der Furcht. Es ist gewiß nicht der Geist eines harmlos optimistischen Gottvertrauens. Aber es ist der Geist eines nüchternen Erkennens der Lage, wie sie ist, ohne Beschönigung, aber auch ohne Pessimismus, aber zugleich der Geist einer gehorsamen Beugung und eines vertrauenden Stillehaltens unter Gottes Willen. Gerade die Beugung unter Gottes Willen macht fest gegen alle Erschütterungen des Lebens, weil hier eine Stellung bezogen ist, die außerhalb aller vorübergehenden Stürme liegt.

»Unverzagt und ohne Grauen soll ein Christ, wo er ist, stets sich lassen schauen. Wollt ihn auch der Tod aufreiben, soll der Mut dennoch gut und fein stille bleiben.«[2]

Denn der Geist, den Gott gibt, ist ein Geist der Kraft. Es ist zwar eine paradoxe Kraft. Man sieht dem, der sich unter den Geist Gottes stellt, von außen diese Kraft oft gar nicht an. Träger dieser Kraft könnten wohl körperlich Schwache und Gebrechliche oder seelisch hart Bedrängte sein. »Aber die auf den Herrn harren, kriegen neue Kraft, daß sie auffahren mit Flügeln wie Adler, daß sie laufen und nicht matt werden, daß sie wandeln und nicht müde werden.«[3] Und wozu macht diese Kraft fähig? Sie macht fähig zum Ausharren, zur Geduld, zum Tragen, zum Leiden. Aber nicht nur das. Sie macht fähig, über die Enge des Augenblicks hinauszuwachsen und den Willen Gottes nicht nur zu leiden, sondern zu tun, sich nicht willenlos von den Wellen treiben zu lassen, sondern im Blick auf Gott und seinen Willen ein hohes Ziel ins Auge zu fassen und darauf loszusteuern in sieghaftem Trotz gegen die Mächte der Finsternis, der Zerstörung und der Verzweiflung. In der Kraft dieses Geistes gewinnt das Leben auch in der anscheinend hoffnungslosesten Situation wieder einen Sinn.

Denn es ist ein Geist der Liebe. Die Kraft, die Gott gibt, ist nicht die rücksichtslose Kraft, die die Fäuste gebraucht zur Durchsetzung des eigenen Ichs. Die Kraft, für den andern dazusein, ist größer als die Kraft, nur für sich selber dazusein. Zur Liebe gehört mehr Kraft als zur Ichsucht und zum Haß. Es ist für unser eigenes Leben und für die Zukunft unseres Volkes und der ganzen Welt von entscheidender Bedeutung, ob dieser Geist der Liebe zum Durchbruch kommt oder ob wir noch tiefer in dem Geist der

---

2 EG 370,7.
3 Jes 40,31.

Eigensucht und des Hasses und der Verbitterung versinken als bisher. Wir dürfen uns gewiß keinen Illusionen hingeben: Die Welt wird immer eine Welt bleiben, in der Ichsucht und Haß das große Wort führen. Aber das ist wohl möglich und bereits zahllos wirklich geworden: in dieser Welt des Hasses durch die Kraft des Geistes Gottes Inseln wahrer Liebe, wahrer Menschlichkeit und wahren Friedens zu schaffen.

Und dann noch eins: Der Geist Gottes ist ein Geist der Zucht. Dieses Wort will uns nicht gefallen, die wir uns nach Freiheit sehnen. Es ist wahrhaftig begreiflich, daß wir von allem Zwang, den Menschen auf uns ausüben, freizukommen suchen. Aber es ist nicht nur die Frage, ob das überhaupt je möglich ist, ob nicht doch immer nur ein Zwang den andern, eine Abhängigkeit die andere ablöst. Es ist viel mehr noch die Frage, ob wir wirklich wahrer Freiheit fähig sind. Eine Freiheit zur Zuchtlosigkeit wäre gar nicht Freiheit. Nur wer unter der Zucht und Leitung Gottes steht, ist wirklich frei. Gebe Gott, daß wir uns einer solchen Freiheit freuen können bald auch als irdisch gesehen einigermaßen freie Menschen. Aber selbst als Zwangsarbeiter oder als Gefangene hinter Stacheldraht könnten wir der großen inneren Freiheit nicht beraubt werden, die denen gegeben ist, die sich dem Geiste Gottes öffnen. Und das ist nicht ein Geist der Furcht, sondern der Kraft und der Liebe und der Zucht. Amen.

Nachwort

Dem gegenwärtigen Leser – auch mir selbst! – klingen diese Predigten z.T. fremd: theologisch steil, der Sprache heiliger Schrift unbekümmert sich bedienend, von Anklängen an Bibel und Gesangbuch voll, weniger diskursiv reflektierend als vielmehr mit Nachdruck versichernd und bekennend, gelegentlich sogar verdächtig vollmundig. Anderseits überraschen die Predigten durch ihr unmittelbares Anreden und Zupacken, wenn auch seltener moralisch als seelsorgerlich. Heute sähe man sich wohl kaum in der Lage, so zu sprechen. Wer auch immer darauf mit Überlegenheitsgefühlen reagiert, vermag trotzdem kaum das Eingeständnis eines Mangels zu unterdrücken, der ihm, verglichen damit, anhaftet. Es geht dabei um mehr als nur um eine Frage des Stils. Das Verhältnis von Glaubensaussage und Lebenssituation wird hier brisant. Das ist eine eminent theologische Frage. Diese Predigten sind jetzt eben nicht mehr solche von heute für heute, obschon es einst in der Tat Predigten von »heute« für »heute« waren oder vorsichtiger: sein wollten. Soweit dies wirklich zutrifft, verdienen sie auch unsere Beachtung. Vorerst einfach als Dokumente von Predigten in schwerer Zeit, in doppelt schwerer Zeit: unter den Folgen des Kirchenkampfes sowie unter den Auswirkungen des Zweiten Weltkriegs, beides verursacht durch den Ungeist und den Machtmißbrauch eines verführerischen und skrupellosen Regimes. Ob diese Dokumente dann auch geistlich anzurühren vermögen und theologischem Urteil standhalten, unterliegt einer kritischen Prüfung.

Verweilen wir zunächst bei diesen Texten als Zeitdokumenten! So stark nun einmal berechtigtermaßen das Genus Kriegspredigten – nicht erst in jener Zeit – in Verruf geraten ist, verdienen eben deshalb Äußerungen dieser Art Beachtung: So wurde, zumindest auch, im Dritten Reich und während des Kriegs öffentlich gepredigt. An dieser gewiß nicht alltäglichen Art mag vielerlei zu bemängeln sein. Dies jedoch ist ihr nicht vorzuwerfen, daß sie dem herrschenden Zeitgeist verfallen war und ihm nach dem Munde redete. Ein wertendes Beurteilen steht mir nicht an. Ich zweifle nicht daran: Es gab damals sprachlich bessere, theologisch reifere und, was den Zeitbezug betrifft, auch mutigere Predigten. Aber wenngleich nur von durchschnittlicher Qualität, sind doch die vorliegenden Texte Zeugnisse, deren man sich nachträglich nicht zu schämen braucht, so sehr man wünschte, in analoger Situation noch entschiedener, freimütiger, vollmächtiger reden zu dürfen.

Der Dokumentcharakter erfordert eine unveränderte Wiedergabe. Bei der Entzifferung der stenographischen Niederschrift (so bis Ende 1940) sind mir, wie ich hoffe, keine gravierenden Fehler unterlaufen, obwohl die Kurzschrift, weil seither von mir nicht mehr benutzt, mir fremd geworden war und mancherlei Rätsel aufgab. Eine textkritische Edition hätte ich in diesem Fall jedoch als lächerliche Übertreibung empfunden. Darum seien einige Freiheiten, die ich mir genommen habe, erwähnt: stillschweigende Korrektur von Schreibfehlern, überwiegend Fortlassen der Anreden (»liebe Gemeinde«, »liebe Brüder und Schwestern«, »Gemeinde des Herrn« und dgl.) sowie kleine stilistische Korrekturen, etwa die Umstellung einer ungeschickten Wortfolge. All das hält sich in dem strengen Rahmen, der keine sinnverändernden Fortlassungen oder Zusätze duldet, und überschreitet nicht die Änderungen, die ich damals am schnell geschriebenen Manuskript im Falle einer Vervielfältigung ebenfalls hätte vornehmen müssen.

Gewichtiger und schwerer einzukalkulieren ist der Kontext. Er hat sich tiefgreifend verändert, während der in der Predigt ausgelegte Text derselbe geblieben ist und desgleichen bei rein historischer Vergegenwärtigung auch der Text der einst gehaltenen Predigt. Zum Verständnis und zur Einschätzung einer früheren Predigt ist aber das Wissen um ihren ursprünglichen Kontext im Unterschied zum gegenwärtigen von höchster Bedeutung. Es handelt sich dabei nicht nur um das, was ausdrücklich mit Worten angesprochen worden ist, sondern auch und vornehmlich um das, was stillschweigend gemeint war und auch verstanden und getroffen wurde, um all das, was dabei für damalige Ohren und Herzen ohne weiteres mitschwang und mitklang. Für heutige Leser einer Predigt aus so ferngerückter, aber auch allzu selbstverständlich pauschalisiert beurteilter Zeit ist es nicht leicht, sich frei zu machen von dem, was man als Spätergeborener weiß und denkt, und sich in eine Vergangenheit hineinzuversetzen, wie sie sich darstellte, solange deren Zukunft noch offen (oder richtiger gesagt: noch verschlossen) war. Als Zeitgenosse war man damals höchst sensibel im Wahrnehmen von Unter- und Obertönen. Auch was zurückhaltend gesagt wurde, traf auf einen Resonanzboden, der ihm zuweilen eine unerhörte Lautstärke verlieh, wieviel mehr dem, was mit aller nur wünschenswerten Klarheit und Deutlichkeit ausgesprochen wurde. Um dem Leser das Verständnis zu erleichtern, habe ich deshalb zum Predigtdatum jeweils knappe Hinweise auf Zeitereignisse beigefügt. Es bedarf freilich nicht nur einer viel tiefer eindringenden historischen Kenntnis, sondern auch einer differenzierenden Phantasie, um sich in die überaus komplexe Situation einzufühlen. Als ich 1984/85 zweimal Gelegenheit hatte, in Hermsdorf über meine Erfahrung aus den Jahren 1939–1945 zu berichten, stießen meine Ausführungen gerade bei den zahlreich vertretenen Jugendlichen auf lebhaftes Interesse, weckten aber auch in hohem Maße Skepsis. Zwei Einwände sind mir besonders gegenwärtig. Die Notgemeinde mit ihren rund 100 Mitgliedern (wobei die formelle Zugehörigkeit sich nicht einfach deckte mit der Zahl derer, die sich zur Gemeinde hielten), hielt man nun für einen Geheimklub, der unter Ausschluß der Öffentlichkeit existierte und sich intern alles erlauben konnte. Gewiß war die Ausstrahlung in die Öffentlichkeit hinein sehr begrenzt, ohne daß man jedoch um Geheimhaltung bemüht war. Die Gottesdienste waren allgemein zugänglich und wurden auch von Fremden besucht, zuweilen auch von Spitzeln der Gestapo. Wie denn auch polizeiliche Haussuchungen und Verhöre mir nicht erspart blieben, die nachträglich sogar noch meinen militärischen Vorgesetzten gemeldet wurden. Der andere Einwand, den man erhob, war die vorwurfsvolle Frage, warum ich überhaupt am Leben geblieben sei, anstatt durch entsprechende Äußerungen wie den Aufruf zum Widerstand oder durch eigene Militärdienstverweigerung die Todesstrafe zu provozieren. Solche Erwägungen kombinieren kurzschlüssig heutige Möglichkeiten innerhalb eines demokratischen Rechtsstaates mit abstrakten Prinzipien, die außerhalb konkreter Verantwortungssituation geltend gemacht werden.

Unterzieht man die Predigten einer theologischen Prüfung, so stößt einem wohl als Hauptdefizit auf, daß sie die uns unbedingt erforderlich erscheinende hermeneutische Sorgfalt in bestimmter Hinsicht vermissen lassen. Die Verstehensschwierigkeiten, die sich uns vor allem bei den christologischen und eschatologischen Fragen aufdrängen, treten ganz in den Hintergrund gegenüber den auffallend stark akzentuierten Problemen, die durch die Entchristlichung über uns hereingebrochen sind. Es ist nicht etwa so, daß der geistesgeschichtliche Umbruch der Moderne gar nicht präsent gewesen wäre. Er ist jedoch nicht als interpretatorische, vielmehr nur als konfessorische Herausforderung präsent. Damit verlagert die Auseinandersetzung mit der Neuzeit ihren Schwerpunkt in die Fragen der Kirchengestalt und der Kirchenzucht. Diese Verlagerung ist angesichts des unmittelbar Bedrängenden verständlich und das Zurücktreten der theologischen Verstehensfragen durchaus begreiflich. Am Beginn einer Predigtreihe über die ersten Kapitel der Bibel sah ich mich am 23. Januar 1944 veranlaßt, mich mit folgendem Einwand gegen die Wahl dieser Texte auseinanderzusetzen: »Uns macht gegenwärtig die Auseinandersetzung mit dem modernen Weltbild der Naturwissenschaft gar keine Not; denn uns sitzt das Messer an der Kehle. Die Nöte, die uns zu schaffen machen, sind viel primitiver, darum aber auch viel konkreter, viel bedrückender, viel ernster. Uns beschäftigen nicht die Fragen des Verstandes, sondern die unmittelbaren Nöte des Lebens. Wir brauchen etwas, was uns Kraft gibt zum Leben, zu diesem furchtbar schweren Leben heute. Wir brauchen etwas, was uns Kraft gibt zum Sterben, zu diesem furchtbar bitteren Sterben, das uns alle Stunden bedroht. Dafür gib uns etwas! Predige uns nicht theologische Gedankengebilde! Predige uns Trost!« Bezeichnenderweise begegnete ich diesem Einwand mit folgendem Gedanken: »Ja, allerdings: Die christliche Botschaft ist Botschaft vom Ende und der Glaube der Christen ist ganz aufs Ende gerichtet. Aber gerade weil uns die heilige Schrift, und zwar sie allein, vom Ende aller Dinge zu sagen weiß, weiß sie uns, und zwar sie allein, vom Anfang aller Dinge zu sagen. Und was sie uns vom Anfang aller Dinge sagt, dient darum keinem anderen Ziel als dem, uns zu bereiten für das Ende aller Dinge. Darum werden wir auch in den ersten Kapiteln der heiligen Schrift nichts anderes hören als in allen ihren Kapiteln: nämlich von dem, was uns mitten in den großen Nöten heute stark macht und tröstet für das Ziel unseres Lebens und das Ende der Welt.«

Es ist nicht zu bestreiten, daß ein solches unmittelbares Hineinsprechen der biblischen Botschaft in den Lebensvollzug, zumal bei denjenigen, denen sie wie den Gliedern einer Notgemeinde noch vertraut ist, Verstehen findet und Trost spendet, besser als räsonierende Verständigungsversuche. Aber ich kann nicht leugnen, daß diese Art, mit der biblischen Sprache und unserer Distanz zu ihr umzugehen, ihre Grenzen hat und wir den Bekennenden Gemeinden sowie ihrer christlichen und nichtchristlichen Umwelt auch viel schuldig geblieben sind, wie sich nach dem Kriege herausstellte. Das Abtreiben in einen Fundamentalismus oder in einen Politprotestantismus wurde dadurch begünstigt. Für mich bestätigte die erneute Beschäftigung mit jenen alten Predigten die Notwendigkeit meines weiteren theologischen Weges. Er führte nicht fort von dem, was ich meiner Hermsdorfer Gemeinde gepredigt hatte, sondern bemühte sich, tiefer hineinzuführen in den Quellgrund, der ein solches Predigen erlaubte, aber auch die innere Freiheit verlieh, sich vor Einseitigkeiten zu hüten und, wo nötig, Korrekturen vorzunehmen. Insofern bilden diese Predigten nicht einen trennenden Graben zwischen meiner Dissertation und der späteren akademischen Tätigkeit, schlagen vielmehr die Brücke vom einen zum andern. Für mich ein Grund zu besonderer Dankbarkeit für diese nicht nur finsteren sechs Jahre.

Gerhard Ebeling
im Verlag J.C.B. Mohr (Paul Siebeck)

Evangelische Evangelienauslegung. ³1991. VIII, 560 Seiten.

Die Geschichtlichkeit der Kirche und ihrer Verkündigung als theologisches Problem. 1954. 93 Seiten (Sammlung gemeinverständlicher Vorträge 207–208).

Das Wesen des christlichen Glaubens. 1959, 17.–21. Tsd. 1963. IV, 256 Seiten.

Theologie und Verkündigung. 1962, ²1963. XII, 146 Seiten (Hermeneutische Untersuchungen zur Theologie 1).

Vom Gebet. 1963, 5.–7. Tsd. 1965. 144 Seiten.

Wort und Glaube
Band 1: 1960, ³1967. VIII, 482 Seiten.
Band 2: Beiträge zur Fundamentaltheologie und zur Lehre von Gott. 1969. VI, 445 Seiten.
Band 3: Beiträge zur Fundamentaltheologie, Soteriologie und Ekklesiologie. 1975. XIV, 647 Seiten.
Band 4: Theologie in den Gegensätzen des Lebens. 1995. Ca. 690 Seiten.

Psalmenmeditationen. 1968. 176 Seiten.

Frei aus Glauben? 1968. 26 Seiten (Sammlung gemeinverständlicher Vorträge 250).

Einführung in die theologische Sprachlehre. 1971. XV, 264 Seiten.

G. Ebeling im Verlag J.C.B. Mohr (Paul Siebeck)

Die zehn Gebote. 1973. 233 Seiten.

Luther. Einführung in sein Denken. 1964, [4]1981. VII, 321 Seiten (UTB 1090).

Die Wahrheit des Evangeliums. Eine Lesehilfe zum Galaterbrief. 1981. XIV, 369 Seiten.

Umgang mit Luther. 1983. VIII, 221 Seiten.

Dogmatik des christlichen Glaubens
Band 1: Der Glaube an Gott den Schöpfer der Welt. 1979, [3]1987. XXVIII, 414 Seiten.
Band 2: Der Glaube an Gott den Versöhner der Welt. 1979, [3]1989. XVII, 547 Seiten.
Band 3: Der Glaube an Gott den Vollender der Welt. 1979, [3]1993. XIX, 585 Seiten.

Lutherstudien
Band 1: 1971. XII, 341 Seiten.
Band 2: Disputatio de homine
    Teil 1: Text und Traditionshintergrund.
1977. XVI, 225 Seiten.
    Teil 2: Die philosophische Definition des Menschen.
1982. XII, 493 Seiten.
    Teil 3: Die theologische Definition des Menschen
(Kommentar zu These 20–40).
1989. XXIII, 698 Seiten und 1 Einlegeblatt.
Band 3: Begriffsuntersuchungen, Textinterpretationen, Wirkungsgeschichtliches. 1985. XVII, 607 Seiten.